말해야 산다

꼰대 신부 홍성남의 구시렁 심리학

말해야 산다

교회 인가	2022년 8월 9일
초판 1쇄 인쇄	2022년 8월 30일
초판 1쇄 발행	2022년 9월 2일

지은이	홍성남 신부
펴낸이	신민식

펴낸곳	가디언
출판등록	제2010-000113호(2010.4.15)

주 소	서울시 마포구 토정로 222 한국출판콘텐츠센터 306호
전 화	02-332-4103
팩 스	02-332-4111
이메일	gadian7@naver.com
홈페이지	www.sirubooks.com

ISBN	979-11-6778-053-9 (03230)

꼰대 신부 홍성남의
구시렁 심리학

말해야 산다

홍성남 신부 지음

홍성남 신부님을 생각하면 법정 스님의 일화가 떠오릅니다. 스님은 어느 여름날 자신의 암자에서 점심 공양을 마친 후 마루에 누워서 팔베개를 하고 비스듬히 주위 경치를 바라보았습니다. 그랬더니 평소에 눈에 익어 친숙하게 보이던 산 경치가 색다르게 들어오더랍니다. 스님은 벌떡 일어나 마당으로 내려와 서서 허리를 굽혀 가랑이 사이로 다시 그 경치를 내다보았습니다. 눈앞에는 전혀 새로움이 펼쳐졌습니다. 하늘은 푸른 호수가 되고 산은 그 속에 잠긴 그림자가 되었습니다. 스님은 이 발견이 너무나도 신기해서 찾아오는 손님들에게 남녀노소를 불문하고 소개를 했습니다. 먼저 스님이 숙달된 조교처럼 시범을 보이면 그들도 따라 하면서 어린아이처럼 좋아했답니다.

아마도 법정 스님은 고정된 시각을 바꾸면 새로운 세계가 다가온다는 깨달음을 전하고자 이런 이야기를 하신 듯합니다. 홍성남 신부님도 법정 스님처럼 새로운 시각으로 세상과 인간을 보면서 그것을 널리 소개하려고 애쓰는 분입니다. 하지만 이것은 만만한 일이 아닙니다. 새로운 시각을 얻으려면 고정 관념을 깨야 하는데, 거기에는 많은 비판과 저항이 따르기 때문입니다. 이런 울퉁불퉁한 길을 꿋꿋하게 걸어가시는 홍 신부님께 격려의 박수를 보냅니다. 신부님이 이번에 내신 새 책《말해야 산다》가 새로운 시각을 익혀서 기쁘고 행복하게 살아가고, 아울러 다른 이들을 이해하고 포용하는 넓은 마음의 사람이 되는 데에 큰 도움이 되기를 바랍니다.

천주교 서울대교구 총대리 주교

손희송 베네딕토

할 말은 해야 건강하다

"신부가 왜 현실 정치에 관여하는 것이냐?" 사회 문제에 관한 글을 올리면 얼굴도 모르는 무뢰한들이 대듭니다. 그 속내는 뻔하지요. 왜 자기들 편을 안 들어 주느냐고 땡깡을 부리는 것입니다.

사제인 내가 왜 영혼 문제뿐만 아니라 사회 문제에 대해 언급해야 할까요? 개인과 사회는 물고기와 물의 관계와 같기 때문입니다. 물고기가 건강하려면 물이 좋아야 하듯이 개인이 건강하려면 사회가 건강해야 합니다. 그래서 오래전부터 건강한 사회에 관심을 가지고 자본주의, 사회주의, 선진국, 후진국 등 가리지 않고 여러 나라를 방문했습니다.

그리고 공통점을 발견했습니다. 건강한 사회를 이룬 국가는 사회 문제에 대하여 비판적 의견을 내놓는 지식인이 살아 있었습니다. 반면, 독재 국가들은 한결같이 지식인을 탄압하고 관제하고 있었습니다. 독재자가 국가를 사유화하고 지식인을 매장한 나라들은 국가 자체가 감옥이 되어 갔고, 국민은 여러 질병에 시달리고 있었습니다. 이런 이유로 사제들은 국민 건강을 위해 오염된 사회를 비판해야 합니다. 그것이 '성경 정신'이기도 합니다.

불량 식품은 비판해도 괜찮지만 불량 사회는 비판하면 안 된다는 이중잣대는 후진국에서나 보이는 것인데, 아직도 우리나라에서 그런 모습이 보인다는 사실이 부끄럽기만 합니다.

꼰대 소리 들을 나이에 하는 푸념이라고 할지 몰라도, 그러거나 말거나 난 하고 싶은 말은 하고 살아야겠습니다. 개인이나 사회나 할 말은 해야 건강하게 살 수 있기 때문입니다.

2022년 9월
명동 가톨릭영성심리상담소에서
홍성남 마태오 신부

차
례

1부

말해야 산다

1

화, 아무데서나 싸는 똥개와 같아

사람이 가진 감정 중에 분노만큼 불편한 것이 또 있을까. 인간관계의 장애물이며 여러 범죄의 원인인 분노. 그래서 많은 종교가 분노를 참거나 없애라고 합니다. 과연 분노는 없애야만 하는 것이고 노력하면 없앨 수 있는 것인가? 이 물음에 대한 답은 '그렇지 않다'입니다. 우선 분노에 대한 개념부터 다시 알아야 합니다.

분노는 인간이 가진 감정에 지나지 않습니다. 감정은 마음의 근육으로 없어서는 안 되고 없어질 수도 없는 것입니다. 분노가 없는 것처럼 보이는 사람들은 근육이 없는 사람들과 유사한 행동을 합니다. 무기력해 보이지요. 일견 착해 보이지만 착한 것이 아니라 감정 표현을 억압하고 있는 신경증적인 상태입니다. 다른 감정과 마찬가지로 분노 역시 일정

량은 필요합니다. '싫어요'라는 말의 에너지는 분노에서 나오는데, 그런 에너지가 없는 사람들에게는 더 이상 의견을 묻지도 않고 강요를 합니다. 그래서 스스로를 지키기 위한 일정량의 분노는 꼭 필요합니다.

마음 안에는 개 한 마리가 산다고 합니다. 일명 'Barking dog'. 누군가 내 심사를 건드리면 내 안에서 짖는 개, 그것이 분노입니다. 그런데 부당한 처사에 항의하지 못하는 사람들은 마음속에 짖지 못하는 개가 있는 것과 같습니다. 혹자는 일본 사람들의 조용함을 칭송하면서 한국인들은 너무 분노가 많다고 합니다. 그러나 일본 사람들의 조용함은 예의 바름보다는 신경증적인 억압인 경우가 더 많습니다. 그래서 정부가 잘못을 해도 아무 말 하지 않고 순종하며 적절한 비판의식조차 가지지 못하는 사람들이 태반이라고 합니다. 분노 무기력증이지요. 지나친 분노 표출도 문제지만 지나친 조용함도 신경증적 증세이니 부러워할 일이 아닙니다. 분노에 대한 경구중 가장 많이 인용된 것은 '참을 인(忍)자 셋이면 살인도 면한다'입니다. 맞는 말이지요. 술집에서나 차량끼리 접촉사고가 났을 때, 분노 조절을 못해서 싸우다가 다치고 심지어 죽이기까지 하는 그런 사람에게는 이 경구가 필요합니다. 그러나 벌레 한 마리 죽이지 못할 새가슴의 사람들에는 이 경구가 독이 됩니다. 우리나라나 일본에서 가끔 자식이 어머니를 살해하는 사건이 발생하곤 합니다. 어머니를 죽인 그 자식들은 불량아였을까요? 그 반대입니다. 어린 시절부터 반항

은커녕 말 한마디 대꾸도 못 한 아이들이 분노를 억누르고 참다가 살인을 합니다. 분노는 에너지인데 이것을 오랫동안 누르다 보면 눌리고 눌린 것이 한꺼번에 터져 나온 것이지요. 그때 이성은 이미 사라지고 없습니다. 착하고 순한 사람들이 화가 나면 무섭다는 말이 그래서 나온 것입니다.

분노는 두 가지 방식으로 다루어야 합니다. 관리와 해소. 평소에는 분노 관리가 중요합니다. 웃을 일을 많이 만들고 감정 표현 훈련, 대화 훈련을 하는 등 자기 감정을 이야기하는 훈련이 필요합니다. 이런 훈련은 분노가 세련된 언어로 표출되도록 돕습니다. 그러나 분노의 양이 커서 도저히 참을 수 없을 만큼 화가 치밀어 오를 때에는 상대에게 바로 화를 내지 말고 잠시 그 자리를 피해서 혼자 분노를 해소하는 시간을 가져야 합니다. 우리는 보통 화가 나면 내 감정을 건드린 사람에게 화를 내는 경우가 많은데 이것은 더 큰 문제를 불러올 가능성이 높습니다. 상대방에게 적개심을 갖게 하지요. 분노란 심리적인 배설물입니다. 그 배설물을 상대방 면전에 퍼붓는데 어느 누가 좋아하겠습니까? 누구나 배설은 화장실에서 하듯이 심리적 배설인 분노 해소 역시 다른 사람들이 볼 수 없는 공간에서 해야 합니다. 아무데서나 버럭버럭 화를 내는 사람들은 아무데서나 똥을 싸는 똥개와 다름없습니다. 실제로 상사들이 너무 자주 야단을 치면 부하직원들은 '저거 또 짖네' 합니다.

재개발 지역에서 사목할 당시 효과를 봤던 분노 해소 방법들을 소개하겠습니다. 첫 번째는 소리 지르기. 차를 몰고 가면서 고래고래 소리를 지릅니다. 10분 정도면 화가 가라앉고 배가 고프기 시작합니다. 두 번째는 걸어가면서 구시렁구시렁 욕하기. 30분 정도면 웬만한 화는 사라집니다. 마지막으로 나갈 곳이 마땅치 않거나 나가고 싶지도 않을 때는 베개를 두들겨 패거나 종이에 화난 감정을 갈겨쓰는 것도 효과적입니다. 민원 담당 공무원들은 말도 안 되는 억지를 부리고 생떼를 쓰며 난리를 치는 진상 민원인들 때문에 엄청난 스트레스를 받는다고 하는데, 그런 분들은 낙서장을 사용하는 것이 좋습니다. 낙서장에 자기감정을 노골적이고 적나라하게 갈겨쓰다 보면 화가 풀립니다.

분노는 너무 많아도 안 되지만 너무 없어도 안 되는 유용한 감정입니다. 분노를 모두 없애서 마음의 평안함을 가지고 산다는 종교 사기꾼들에게 속지 않길 바랍니다.

2

내면의 잔소리를 없애야

한 주부가 상담실을 찾아왔습니다.

"남편과 자식 때문에 마음이 불편합니다. 어떻게 해야 남편과 자식을 제대로 살게 할 수 있을까요?"

"남편과 자식의 어떤 점이 마음에 안 드시나요?"

"남편이 직장에서 승진할 생각을 안 합니다. 원래 남편이 절에 가려던 사람인데 제가 붙잡아 결혼해서 그런지 아직도 자기가 스님인 줄 압니다."

"아이는 뭐가 문제인가요?"

"아이가 아빠랑 붕어빵처럼 닮아서 공부할 생각을 안 합니다. 공부하라고 하면 '엄마, 나보다 성적 안 좋은 애들이 상처받아' 하면서 널널

하기만 합니다. 어떻게 하면 이 두 남자를 바꿀 수 있을까요?"

"네, 자매님의 마음은 알 것 같은데, 저는 못 합니다."

"왜요?"

"물건을 고치려면 물건을 가져와야 하는데 물건은 안 가져오고 물건 주인만 왔으니 못 고치지요."

"아, 그래도 신부님은 사람을 고치는 분이시니 방법이라도 알려 주세요."

"자매님의 마음이 편해지는 방법은 몇 가지가 있기는 합니다만…."

"뭔데요?"

"우선 남편과 자식은 바꿀 수 없다는 것을 인정하셔야 합니다. 사람은 불행해야 자신의 삶을 바꾸려는 마음을 먹는데 지금 남편과 자제분은 행복하기 때문에 바꿀 수가 없습니다."

"그럼 어떡해야 할까요?"

"바뀌어야 하는 것은 자매님이십니다. 가족 중에서 자매님이 가장 불행하기 때문입니다."

"그럼 제가 어떻게 해야 할까요?"

"간단합니다. 보지 않고 살면 됩니다. 사람의 감정은 보는 대상에 의해 생기는 것입니다. 싫은 사람을 보면 미운 마음이 들고, 좋은 사람을 보면 호감이 생기는 것이 사람 마음이기에 남편과 자식이 마음에 들지 않는다면 안 보시면 됩니다."

"가족끼리 어떻게 안 보고 살 수 있나요? 다른 방법은 없을까요?"

"있지요. 기대를 낮추시면 됩니다. 사람 마음의 불편함이나 불만은 상대방이 내 기대에 못 미칠 때 생깁니다. 그러니 기대하지 마세요. 높은 기대를 걸수록 마음의 불만과 분노가 커지니 기대를 낮추거나 아예 기대하지 않으면 마음이 편해질 것입니다. 심리치료에서는 이상과 현실 사이의 폭이 넓을수록 마음이 불편하고 불만이 쌓인다고 말합니다. 현실 즉, 지금 내가 가진 것에 만족할수록 마음이 편안하고 행복해진다는 것입니다. 그래서 여러 종교인이 공통적으로 '자족하라'고 말하는 것입니다. 가난함, 겸손함도 이런 관점에서 볼 수 있고요."

"참, 말은 쉬운데 저는 그렇게 하기가 너무 어렵습니다. 제 마음이 왜 이럴까요?"

"네, 사실 이유는 간단합니다. 자매님의 심리적 문제 때문에 그런 것입니다. 자매님, 어린 시절에 부모님으로부터 어떤 기대를 받으셨나요?"

"저희 부모님은 제가 머리가 좋다며 공부를 잘해야 한다고 하셨고, 네가 맏이니 동생을 잘 챙겨야 한다고 누누이 당부하신 기억이 납니다."

"그렇군요. 사람의 외적 관계는 내적 관계의 연장이라고 합니다. 즉 우리가 다른 사람들과 맺는 관계는 내적인 관계, 내가 나를 대하는 자세와 같다는 말입니다."

"내가 나와 맺는 관계라니요?"

"네, 우리는 흔히 관계란 나와 다른 사람 사이에서 생기는 줄로만 압니다. 하지만 관계는 '나와 너'뿐만 아니라 '나와 나' 사이에도 생깁니다. 그래서 자기비하니 자기만족이니 하는 말이 생긴 것입니다."

"그렇군요."

"우리는 다른 사람에게 어떤 태도를 보이듯이, 우리 자신에게도 어떤 태도를 보입니다. 예컨대 나는 왜 이리 잘하는 게 없을까 하는 말은 너는 왜 이렇게 잘하는 게 없니 하고 자신을 질책하는 말입니다. 특히나 자매님의 경우는 부모님으로부터 많은 기대를 받고 자라 그 기대가 내면화되어 이제는 자매님 스스로 기대에 부응하려고 애쓰는 것입니다. 그래서 이를 '내면의 잔소리'라고 말합니다. 그런데 이런 내면의 잔소리는 대개 외부로 나갑니다. 그래서 다른 사람에게도 마찬가지의 잔소리를 하게 되는 것이지요. 남편과 자식이 마음에 들지 않는 것도 이런 기대 심리 때문입니다."

"그렇다면 제가 어떻게 해야 하나요?"

"우선 자신을 편안히 두는 훈련을 하셔야 합니다. 간혹 자신을 채찍질한다는 분이 계시는데 이것은 최악의 방법입니다. 자기를 채찍질하는 사람은 다른 사람에게도 채찍질하기 때문입니다. 내가 나를 편안히 둘 줄 알아야 다른 사람도 편안히 해 줄 수 있습니다. 이것이 사람 마음이 편안해지는 기본 원리입니다. 그런데 이런 마음가짐을 갖는 것은 절대로 쉬운 일이 아닙니다. 이미 오랫동안 내 몸에 밴 습관은 좀처럼 변하지 않지요. 그래서 내적 변화를 원한다면 물처럼 살아야 한다고 합니다. 강물은 굽이굽이 흐르지요. 이것을 한자어로 곡즉전(曲則全)이라고 하는데 막히면 돌아가고 높으면 물이 찰 때까지 기다리는 물의 특징이 우리가 내면의 변화를 추구할 때 필요한 마음가짐입니다. 마지막으로 드리는 말씀은 사람과 사람이 함께 사는 것은 어려운 일임을 받아들이는 겁니다. 성장 과정이 다른 사람이 함께 산다는 것은 외계인들끼리 사는 것과 같다고 어떤 심리학자가 말한 바 있는데 맞는 말이라 생각합니다. 내 생각과 다르거든 저 사람은 다른 행성에서 왔나 보다 생각하면 마음의 짐을 조금은 내려놓을 수 있습니다.

3

시야가 좁은 사람, 꼰대

요즘 젊은이들이 노인에게 '틀딱충'이니 '꼰대'니 비아냥거립니다. 꼰대는 남의 말을 듣지 않는 사람들을 일컫는 말로 상대적으로 자신은 열린 사고를 가졌다는 것을 전제로 합니다. 그런데 정말로 나이가 어리면 사고방식이 진취적이고, 나이가 들면 꼰대가 되는 것일까요? 요즘 언론 보도를 보면 젊은 꼰대가 판을 친다는 것을 확인할 수 있습니다. 즉 나이가 상관없다는 것입니다. 그렇다면 꼰대라는 말을 듣는 사람들의 심리적 특징은 무엇일까요? 이들이 사회 문제의 원인을 제공하기에 그 심리를 해부해 볼 필요가 있습니다.

꼰대는 다른 말로 하면 시야가 좁은 사람입니다. 시야가 좁은 사람들이 가지는 몇 가지 특징이 있습니다. 첫 번째, 지나친 일반화 현상

overgeneralization입니다. 하나의 사건이나 사실에 대해 어떤 검증도 거치지 않은 채 그것이 절대적인 양하는 현상입니다. 이런 심리를 가진 사람은 늘 단정적인 말을 사용합니다. '결코', '항상', '매번', '아무도' 등 단정 짓는 언어를 사용하여 다른 가능성의 문을 닫아 버립니다. 이야기를 시작하면 남의 말을 듣지 않고 장광설을 늘어놓거나 '그게 아니고'라며 다른 사람의 말을 끊고 끼어들어 주책바가지 소리를 듣습니다. 이런 사람들이 사용하는 사고방식이 여과하기filtering입니다. 여과하기란 현실에서 특정한 사실만을 선택적으로 발췌하여 집중하고 나머지는 무시하는 방식입니다. 이는 검은 유리를 통하여 세상을 보는 것과 같습니다. 인생의 수많은 경험 중에서 특별히 나쁜 점만을 골라 부각합니다. 그러나 잘못된 사건에만 초점을 맞출수록 이것은 핵심 사고방식으로 굳어져 불만스럽고 고집스러운 태도에서 헤어나올 수 없습니다.

두 번째 특징은 양극화된 사고polarized thinking입니다. 이것은 여러 색깔 중에서 흑과 백 두 가지 색깔만 사용하는 것처럼 자신이 접하는 모든 것을 흑백논리에 근거해서 이분법적으로 판단하는 것을 말합니다. 아군이냐 적군이냐, 우파냐 좌파냐처럼 모든 것을 양분해서 바라봅니다. 이런 생각을 하는 사람들은 절대적 사고, 즉 '전부 아니면 전무'라는 무지막지한 사고방식을 유지합니다. 중간은 있을 수가 없다는 것입니다.

세 번째 특징은 지레짐작reading mind입니다. 독심술이라고도 하는 이것은 모든 사람이 다 자기처럼 생각한다고 여기는 왜곡된 사고방식을 말합니다. 명확한 증거도 없이 무작정 결론으로 건너뜁니다. 꼰대는 바로 이런 특징을 가진 사람을 부르는 말입니다. 이들이 우리 사회를 분열시키는 주범들이지요.

이런 사고방식을 가진 사람들의 문제는 무엇일까요? 우선 그들은 자신의 삶을 위축하고 제한합니다. 가리는 것이 많기에 스스로 제한한 동선 안에서 맴돌며 우물 안 개구리가 됩니다. 그래서 시간이 지날수록 삶의 다양성을 키우기는커녕 병적인 고정관념만 늘어나서 다른 사람들의 관점을 이해하지 못하는 고집불통이 되어 갑니다. 마음 안에 상실과 불만족에 대한 생각이 떠돌아다녀서 내적 상태가 늘 불안하고 불행합니다. 논리적인 능력을 상실한 탓에 지적 기반이 허약해져 선동적인 말에 휩쓸리는 경우가 많습니다. 가장 큰 문제는 이들이 대량 살상 극을 일으킬 수 있다는 것입니다. 미국의 매카시즘McCarthyism이 불러온 빨갱이 색출 사건, 캄보디아 크메르루주 정권에 의해 자행된 부르주아 학살극이 그 증거입니다. 좌파와 우파의 꼰대들이 대량 살상의 주범자였습니다.

그렇다면 우리나라에서 꼰대가 늘어나는 이유는 무엇일까요? 다양한 원인이 있겠지만, 트라우마가 가장 큰 이유라고 생각합니다. 우리나라 사람들은 트라우마가 많습니다. 일제에 대한 트라우마로 친일파에 보이는 강한 거부감, 6·25전쟁을 겪은 사람들은 빨갱이에 대한 트라우마, 군부독재를 겪은 사람들은 우파 폭정에 대한 트라우마…. 그래서 지금도 어떤 일이 발생하면 양쪽으로 나뉘어 서로를 적대적으로 대합니다. 이런 사고방식은 병적인 것이고 사회 분열의 원인이기에 반드시 고쳐야만 합니다. 그렇다면 내가 꼰대인지 아닌지 어떻게 알 수 있을까요? 정치 이야기가 나왔을 때 아무도 신경 쓰지 않고 나 혼자 떠들면 꼰대일 가능성이 높습니다. 꼰대 기질을 가진 사람은 교정 훈련을 해야 합니다. 우선 절대적 용어를 사용하지 말고, 구체적이고 중도적인 언어를 사용하는 훈련을 해야 합니다. "이건 절대적인 것이 아니야, 내 생각이 틀릴 수도 있어" 하고 혼잣말을 하는 훈련이 필요합니다. 다른 사람의 의견에 왜 이렇게 화가 날까 하고 자신에게 되묻는 훈련도 필요합니다. 이런 훈련을 해야만 사람들이 나를 꼰대로 보지 않고 어르신으로 대할 것입니다. 나이가 들어서도 계속 공부를 해야 하는 이유입니다.

4

자식에 병적인 집착을 가진
분리불안 엄마들

어떤 영화에서 아이를 데리고 나온 엄마에게 '맘충'이라고 하는 장면을 보았습니다. 맘충? 엄마 벌레? 충격적인 단어였습니다. 물론 그런 말을 하는 데에도 이유가 있다는 생각은 듭니다. 비행기에서 아이가 이리저리 뛰어다니는데 다른 사람들의 불편함은 아랑곳하지 않고 웃으면서 아이의 재롱에 박수 치는 엄마, 식당에서 아이가 제멋대로 하게 놔두고 누가 뭐라고 하면 싸울 기세로 반응하는 젊은 엄마들을 보면 맘충이란 단어가 생겨날 만도 합니다.

하지만 아무리 그래도 엄마를 맘충이라 하는 것은 도가 지나치다는 생각입니다. 엄마라는 이름은 위대합니다. 군대에서 혹독한 훈련을 받는 훈련병들은 엄마라는 말 한마디에 울음을 터뜨리지요. 동물실험에서도 수컷은 살기 위해 새끼를 버리는데, 암컷은 새끼를 품에 안고 죽었다고 합니다. 병든 노모를 고려장하려는 아들이 길을 잃을까 봐 산길의 나뭇가지를 꺾은 어머니 이야기는 오래전 이야기지만, 현시대에도 비슷한 예를 얼마든지 찾을 수 있습니다. 어머니 역할은 참으로 중요하고 대단합니다. 그래서 동양 신학자 중에는 '하늘에 계신 우리 아버지'라는 기도문을 '하늘에 계신 우리 어머니'로 바꾸어야 한다고 주장하는 이들이 있을 정도입니다. 오죽하면 인간 본성을 자궁으로의 회귀라고 하면서 에덴동산이 바로 어머니 품의 상징이라는 학설까지 나왔을까요. 가톨릭교회 신자들이 예수님보다 성모님을 더 가까이하는 것도 이런 모성애에 근거한 것입니다. 가톨릭교회뿐만 아니라 거의 모든 종교는 모성애를 신성시합니다. 어머니의 사랑은 신성하고 지고하기 때문입니다.

그러나 자식에 대한 지나친 집착은 털어낼 필요가 있습니다. 자식에 대한 지나친 감정의 원인은 무엇일까요? 바로 분리불안입니다. 아이가 없으면 불안해하는 엄마, 이런 엄마들은 아이가 늘 아이로 남아 있기를 원합니다. 자식이 아이로 그냥 머물러 있을 때, 아이가 엄마의 잃어버린 자기애적 욕구를 채워 주기 때문입니다. 전화 상담을 한 어느 할머니, "우리 애가 걱정이에요." "애가 몇 살인데요?" "지금 쉰 살이에요." 쉰 살에 자식까지 있는 아들을 애라고 하면서 걱정하는 어머니, 분리불안의 전형적인 예입니다. 이러한 엄마들이 집착을 놓지 못하고 오히려 진화하면 그야말로 맘충이 되고 맙니다.

맘충이라고 불리면서까지 아이에 대한 집착을 내려놓지 못하면 어떤 일이 생길까요? 분리불안은 엄마와 자식 간에 병적인 친밀감을 만듭니다. 엄마가 자식에게 '너 때문에 내가 잠을 잘 수가 없다'라고 하면 아이는 지겨워하면서도 거역하지 못하고 엄마 말을 듣습니다. 그러면서 자기가 없어집니다. 이런 아이는 어른이 되어서도 늘 엄마의 눈치를 봅니다. 그래서 부부 싸움을 하고서 엄마에게 자기 부인의 일을 고자질하는 덜떨어진 아들이 적지 않습니다. 사업을 해도 성공하지 못하고 말아먹기 일쑤입니다. 책임을 회피하고 엄마에게 의지하면 엄마가 모두 해결해 주기 때문입니다.

어린나무는 성장하면서 다른 나무들과 거리를 두어야 잘 자라는데, 엄마라는 큰 나무 옆에 있으면 엄마보다 작은 사람밖에 안 됩니다. 엄마는 사랑이라 하지만 사랑과 집착이 식별이 안 될 때 아이들은 성숙한 어른이 되지 못하고 덩치만 큰 덜떨어진 사람이 됩니다. 이런 사람이 자기 감정 조절을 못 해서 무책임하게 여러 가지 사고를 치는 것입니다.

몇 년 전 유럽 투어 중 비가 내리는데 어린아이들이 선생님과 산책하는 것을 보았습니다. 비가 오는데 모자도 쓰지 않고 우비만 입은 아이들은 징징대는 놈 하나 없이 선생님을 따라서 비를 맞으며 걷고 있었습니다. 그런 아이들을 걱정했더니 저 아이들은 감기를 모른다는 대답을 들었습니다. 가을만 되어도 옷으로 강아지처럼 둘둘 싸이는 우리 아이들이 앞으로 저 아이들과 경쟁을 할 수 있을지 걱정되었습니다.

사자는 새끼를 절벽으로 떨어뜨리고 올라온 놈만 키운다는데, 그렇게까지는 못해도 강아지처럼 키워서는 미래가 없습니다. 참부자들은 자식에게 가업을 물려주기 위해서 가장 밑바닥 일부터 시킨다고 합니다. 어설프게 키우지 않는다는 것입니다. 재벌 2세 중에 흥청망청 살고 사회적 물의를 일으키는 자들은 대개가 어설프게 고생 시늉만 한 아이들입니다. 부모를 믿고 세상 무서운 게 없는 철부지 망나니가 되는 것입니다. 이런 망나니들은 나중에 부모가 상속을 안 해 준다며 부모를 상대로 소송을 걸고 폭행조차 불사하는 인간 말종이 되기도 합니다. 엄마로부터 제때 분리된 아이들은 믿음직한 어른이 됩니다. 그러나 엄마 품을 못 떠나는 아이들은 평생 남의 등골을 빼먹는 루저로 살아야 합니다. 엄마냐 맘충이냐, 선택해야 합니다.

5

걱정, 그 귀찮은 존재

누군가가 걱정을 하면 '걱정도 팔자다' 하면서 은근히 빈정거리는 사람들이 있습니다. 그러면 그렇게 말하는 당사자는 걱정 없이 살까요? 천만의 말씀이지요. 종교를 가진 자 중에는 걱정은 믿음이 약한 사람이나 하는 것이라고 강하게 주장하는 사람도 있습니다. 마치 자신은 모든 것을 하느님께서 다 알아서 해 주시기에 아무 걱정 없는 것처럼 말이죠. 그런데 이런 사람들은 자기 기도가 안 들어진다 싶으면 바로 하느님을 버립니다. 왜 자기 걱정을 해결해 주지 않느냐고. 걱정은 해도 머리 아프고 안 해도 머리 아픈 놈입니다.

우리 인생길에 거머리처럼 달라붙는 걱정 이놈을 어떻게 하느냐에 따라서 삶의 질이 달라집니다. 걱정을 해결하는 첫 번째 방법. 걱정하지 않는 것입니다. "걱정거리가 생기면 제일 먼저 하는 것이 무엇일까요?" 강의 중 질문을 던지면 대부분 기도하거나 친구에게 상담하거나 혹은 점집을 찾는다고 합니다. 그러나 걱정거리가 생겼을 때 우리가 제일 먼저 하는 것은 걱정하는 것입니다. 두 번째 질문을 던집니다. "걱정할 때 마음이 어떤가요?" "불편합니다." "걱정하면 답이 나오던가요?" "안 나와요." "그런데 왜 걱정을 하세요. 마음도 불편하고 답도 안 보이는데." "그러게요." 다들 갸우뚱합니다. 걱정의 난센스입니다.

걱정해도 답은 안 보이고 머리만 아픈 것은 마음의 구조 때문입니다. 작은 걱정은 걱정하면 답이 바로 보입니다. 저녁 반찬으로 뭘 할까, 내일 어떤 영화를 볼까, 누구를 만날까 등 사소한 것들은 조금만 생각하면 답이 나옵니다. 그러나 큰 걱정은 다릅니다. 사업이 어떻게 될까, 아이가 대학에 붙을까 등 큰 걱정거리는 쉽게 답이 안 나오고 머리만 아픕니다. 왜냐하면 생각은 의식이 하는 것인데 의식이 처리할 수 있는 정보의 크기가 그리 크지 않기 때문입니다. 즉 큰 걱정거리는 의식이 감당할 수가 없어서 답은 안 보이고 머리만 아픈 것입니다.

이럴 때에는 아무것도 안 하는 것이 좋습니다. 특히 종교인들은 아무것도 안 하는 기도의 시간을 갖는 것이 좋습니다. 아무것도 안 하면 어떤 일이 생길까요? 의식을 쉬게 하면 무의식이 움직이기 시작합니다. 골똘히 생각하다가 머리를 식히려고 산책을 했을 때 불현듯 좋은 아이디어를 떠올리는 것은 바로 의식이 쉬고 무의식이 가동되면서 나타나는 현상입니다. 그래서 걱정이 클수록 걱정하지 말고 쉬라고 하는 것입니다. 어니 젤린스키는 《느리게 사는 즐거움》이라는 책에서 이렇게 말합니다. 우리가 하는 걱정의 사십 퍼센트는 절대 일어나지 않을 일, 삼십 퍼센트는 과거에 이미 일어난 일, 십이 퍼센트는 건강에 대한 불필요한 걱정, 십 퍼센트는 사소한 일, 팔 퍼센트는 우리가 어떻게 할 수 없는 일이라서 구십육 퍼센트는 불필요한 걱정들이고 사 퍼센트가 그럴듯한 걱정이라고 합니다. 몸을 쉬게 해주면 불필요한 걱정은 서서히 떨어져 나갑니다.

그런데 이 방법은 자아가 강한 사람이나 할 수 있는 방법입니다. 자아가 약해서 걱정이 생기면 안달복달하는 사람은 하기 어렵습니다. 자아가 약한 사람이 할 수 있는 방법은 따로 있습니다.

첫 번째 방법은 몰아서 걱정하기입니다. 대개 걱정이 많은 사람은 종일 걱정하다가 밤에는 초주검이 되는 경우가 많습니다. 그래서 차라리 하루 삼십 분 정도 몰아서 한꺼번에 해 버리고 나머지 시간은 걱정하지 않는 것이 효율적입니다. 이렇게 해도 걱정은 거머리처럼 달라붙으려고 합니다. 이럴 때 사용하는 방법은 쫓아내기입니다. 서양에서는 'GET OUT' 요법이라고도 하는데, 걱정스러운 생각들이 스멀스멀 들어오면 마치 불청객 쫓듯이 내쫓는 것입니다. "나가!" 하고 소리치면 정말 거짓말처럼 걱정스러운 생각이 사라집니다. 이렇게 여러 방법을 동원해도 쉬이 걱정을 내려놓지 못하는 이유는 무엇일까요? 바로 불확실성에 대한 인내가 부족해서 그렇습니다. 걱정을 많이 하는 사람은 인생길에서 변수가 발생할 수 있다는 것을 받아들이지 못합니다. 즉 모든 일이 법칙에 따라 필연적으로 진행되어야 한다는 강박관념이 심할수록 걱정을 내려놓지 못한다는 것입니다. 우리는 지금 불확실성의 시대를 살고 있다고 미국 경제학자 갤브레이스가 토로했듯이 사람의 인생 자체가 변수의 연속인 것이 현실입니다. 그런데 그런 현실을 받아들이지 못하면 끊임없이 걱정하게 되는 것입니다. 심리학자 고든 올포트는 "건강한 사람들은 긴장의 감소보다 더 많은 긴장을 원한다. 판에 박힌 것들을 버리고 새로운 경험을 찾는다"라고 했습니다. 걱정이 많은 사람은 아무것도 못 하고 걱정만 하는데, 이들은 심리적으로 위축된 경우가 많습니다. 그래서 자아가 가슴을 열게 해야 합니다. 자기감정을 마음껏 표현함으로써 심리적 근육, 감정의 힘을 키울 필요가 있습니다. 그래서 감정 일기를 쓸 것을 권합니다.

6

악플러의 심리

악성 댓글로 인한 자살 사건이 발생합니다. 그런데 법의 대응은 생각보다 미지근합니다. 사람을 직접 죽인 것이 아니기에 그럴까요? 만약 법조계가 그렇게 생각한다면 이는 사람의 마음에 대한 무지함을 드러내는 것입니다. 사람의 마음은 몸과 유사한 구조로 되어 있어서 흉기로 몸에 상해를 입히듯이 말이나 글로 마음에 상해를 입힐 수 있습니다. 칼로 몸의 치명적인 부분을 찌르면 사람이 죽듯이, 사람 마음의 가장 약한 부분을 말이나 글로 공격하면 상처를 입고 자살을 생각하게 됩니다. 그렇기에 이것은 사실 자살이 아니라 자살하도록 만든 명백한 타살이기에 엄중히 다루어야 할 사안입니다. 그렇다면 악성 댓글자, 악플러의 심리는 어떤 것일까요? 그들은 일반 사람들과는 전혀 다른 사람일까요? 그렇지 않습니다. 일반 사람도 누구나 폭력자가 될 수 있습니다. 어떨 때 그러할까요? 바로 상대방이 아무런 저항을 하지 않을 때입니다.

예전에 군대에서 구타가 흔할 당시, 때렸을 때 아무런 반응을 보이지 않은 병사들이 저항한 병사보다 더 맞았다고 하는데, 이는 무저항이 상대방의 폭력성을 자극하기 때문이라고 합니다. 1974년 이탈리아에서 마리나 아브라 포비치가 예술적 장을 만들었습니다. 자기 앞 테이블에 일흔두 개의 물건을 놓고 관객에게 아무거나 집어서 작가의 몸에 무엇이든 해도 좋다고 했습니다. 물건은 꽃이나 깃털부터 채찍, 가위 같은 흉기까지 다양했습니다. 그런데 처음에는 조심스러워하던 관객들이 작가가 아무런 저항을 하지 않자 나중에는 과격해져서 흉기조차 사용하려 했다고 합니다. 평범한 사람도 저항하지 않는 타인에 대하여 고통을 줄 수 있음을 입증한 실험이었습니다. 악플러는 자신과 아무런 관련이 없는 연예인에게 고통을 줌으로써 변태적인 욕구 충족을 하려한 평범한 사람이었습니다.

두 번째, 자아 정체성이 약할수록 폭력적입니다. 자아 정체성이 약한 사람을 일명 '좀비족'이라고 합니다. 영혼 없는 사람인 이들은 자신의 생각보다 타인의 명령에 취약합니다. 심리학자 스탠리 밀그램은 복종에 관한 실험을 했습니다. 전기 고문실로 위장한 곳에 고문당한 역할을 할 배우를 넣어 두고 실험자들에게 배우가 실수할 때마다 전기 충격을 주도록 하는 실험이었습니다. 평범한 사람을 대상으로 한 실험이었는데 참가한 사람 중 육십오 퍼센트가 괴로워하면서도 명령에 따라 전기 고문을 실행했다고 합니다. 소위 책임 전가 현상이 나타난 것입니다. 책임 전가 현상이란 마음이 주인이 되려고 하지 않고 자신의 인간성을 말살하여 도구가 되려고 했다는 것입니다.

이와 유사한 실험이 있었습니다. 일명 스탠퍼드 교도소 실험으로 영화로도 제작되었던 유명한 실험입니다. 1971년 필립 짐바르도 교수는 감옥 같은 억압 상황에서 사람은 어떻게 변하는가를 스탠퍼드 대학 지하에 진짜 감옥 같은 세트장을 만들어 실험했습니다. 심리적 결격 사유가 없고 신체 건강한 스물네 명의 참가자를 선발해 절반은 교도관, 절반은 죄수 역할을 하게 하고 본인만 원하면 언제라도 역할극을 마치고 집으로 갈 수 있다는 조건을 붙였습니다. 그런데 시작 이틀째부터 이상 징후가 드러났습니다. 간수 역할을 하는 이들이 아우슈비츠에서 독일군이 유대인들에게 자행한 폭력적인 행동을 하더란 것입니다. 충격적인 것은 그중 가장 선량하다고 여겨진 사람이 가장 포악한 행동을 했다는 사실입니다. 그리고 더 충격적인 것은 교수를 포함한 그 누구도 실험을 멈추려고 하지 않았습니다. 이런 일이 일어나는 이유는 바로 좀비 현상 때문입니다. 좀비 현상이란 자기 나름의 단단한 인식 체계가 설정되지 않은 사람들이 보이는 모습을 말합니다. 이들은 가짜 뉴스의 선동성에 약하고 목소리가 큰 사람의 명령에 순종하고 심지어 숭배하는 모습조차 보입니다. 그래서 말도 안 되는 종교적 망언을 일삼는 사람을 추종하는 등 일반인이 이해하기 어려운 모습을 보이는 것입니다. 심리적 좀비 현상을 막는 방법은 무엇일까요?

심리적 치아 공격성을 키우는 것입니다. 외부에서 입 안으로 들어온 음식물을 치아가 씹어서 위장으로 내려보내야 피가 되고 살이 되는 것처럼, 우리에게 주어지는 수많은 정보 역시 심리적 치아로 씹어야 합니다. 즉 물음을 던지고 의문을 제기하고 답을 구하는 고민의 과정을 거쳐야 설익은 지식이 아닌 자기 생각이 되는 것입니다.

7

어른이 되어서도
자기 말을 못하는 박제 인간

상담을 하다 보면 '이 사람이 사람인가' 하는 느낌을 주는 사람이 있습니다. 어린 시절부터 신앙생활을 해 와서 성실하고 고지식한데 대화를 하면 할수록 왠지 박제 인형과 대화하는 듯한 느낌을 주는 사람들 — 느낌을 말하라고 하면 당혹스러워하고, 자기 생각이나 감정을 말하지 못하며, 이야기를 해도 생동감 없이 서술식으로 말하는 사람들 — 더러 박제 인간이라고 합니다. 대개 이런 사람은 한 개인이라기보다 공장에서 대량생산된 제품 같다는 느낌을 줍니다. 자기 것 없이 다른 사람의 말을 주워듣고 인용하기 일쑤이기 때문입니다.

그렇다면 박제 인간은 왜 생기는 걸까요? 이유는 바로 심리적 억압 때문입니다. 어린 시절부터 지나치게 순종적인 아이들, 억압적인 부모 밑에서 제대로 자기표현을 하지 못한 아이들은 마음 안에 모든 것을 누르고 삽니다. 그래서 어른이 되어서도 자기 말을 제대로 못 하는 박제 인간이 되는 것이지요. 아이들은 다른 사람들에게 신경 쓰지 않습니다. 자기 마음대로 웃고 울고 짜증을 냅니다. 아이들은 어릴수록 자기 본능에 충실하기 때문입니다. 이럴 때 부모의 반응이 아주 중요합니다. 아이가 자기표현을 하는 것을 어느 정도 허용해 주어야 하는데 짜증 난다며 아이를 윽박지르거나 지속적으로 강하게 통제한다면, 아이는 겉으로는 멀쩡해 보이지만 자기 통제, 자기 절제 지능이 마비되거나 고장나서 어른이 되어서 말도 안 되는 엉뚱한 짓을 하는 것입니다. 술만 마시면 우는 사람이나 말을 더듬거나 사람들 뒤에 숨어 있으려고 하는 소심한 사람이 있는가 하면, 술만 마시면 주정을 부려서 주변을 피곤하게 만드는 사람, 허세가 심하거나 작은 일에도 잘 삐치는 사람, 가만히 있다가 갑자기 폭발하는 사람도 있습니다. 요즈음은 몰래카메라 혹은 지하철에서 성추행하는 등 변태적인 행위를 하는 사람까지도 있습니다. 이렇게 정상적인 어른의 모습을 보이지 못하는 것은 바로 마음이 박제되어서 나타나는 현상입니다. 그리고 이런 성향은 신앙을 가졌을 때도 나타납니다. 교리에 대한 의문이 생겨도 질문하거나 묻지 못하고 꾸역꾸역 밥을 먹듯이 신앙생활을 합니다. 신앙에서 맛을 느끼거나 행복감을 경험하지 못하고, 고해성사 보는 게 불편해서 주일을 지킨다는 분들이 여기 해당됩니다. 영성 심리에서는 이런 상태를 심리적인 감옥 안에서 사는 것이라고 말합니다.

　바리사이들은 율법으로 그 당시 사람들을 통제하려고 했습니다. 사람들을 심리적 감옥 안에 가두었습니다. 그래서 사람들은 늘 죄의식에 사로잡혀 살았는데 바리사이들은 그런 사람들을 보며 선민 의식을 가지고 마치 자신들이 사람들 인생에 대한 재판관과 같이 굴며 우월감을 충족시켰습니다. 그런데 문제는 바리사이들이 바로 박제 인간들이었다는 겁니다. 그래서 그들은 자기들이 사는 모습대로 다른 사람을 박제 인간으로 만들려고 했던 것이고 그들의 그런 행각을 비판했던 주님을 적대시했던 것입니다. 복음에서 우리가 느끼는 주님은 늘 사람들의 치유와 행복에 관심을 쏟았던 분입니다. 그런데 어쩌면 현대에 와서 우리가 그 주님을 다시 박제하고 싶어 하는지도 모른다는 생각이 듭니다. 우리가 가진 심리적 문제가 신앙마저도 오염시키는 것이지요. 기도하는 사람은 주님 안에서 자유로움과 감사함을 체험하는 것이 정상입니다. 만약 우리가 주님 앞에서 심한 두려움, 심지어 공포감마저 느낀다면 (흔히 종말론자들에게서 나타나는 병적인 심리 현상) 아무리 기도를 많이 하더라도 그것은 신앙이 아니라 남의 콤플렉스로 인해 나타나는 신경증적 증세일지 모르니 주의해야 합니다. 적지 않은 신앙인들이 정신병원을 찾는 것은 여러 가지 원인이 있겠으나 그중 가장 많은 경우가 스스로를 감옥에 가두고 자신을 박제 인간으로 만드는 데서 오는 경우이니, 마음에 문제가 생겼을 경우 자신을 비난하거나 처벌하지 말고 자신의 문제가 어디 있는지 전문가의 도움을 받으셔야 합니다. 무지한 신앙은 사람의 마음을 다치게 하고 주님이 보여 주시는 길과는 전혀 다른 길로 사람들을 이끌 수 있습니다.

8

인간성 회복의 특효약은
사람의 손길

　천주교 서울대교구에서 노숙인들을 위한 '명동밥집'을 열었습니다. 가장 비싼 땅에서 가장 가난한 사람들에게 한 끼 식사를 제공하는 장이 열린 것입니다. 1970~80년대 김수환 추기경님이 계실 당시 명동성당은 아픔과 힘겨움을 호소하는 사람들이 의지할 수 있는 유일한 곳이었습니다. 그래서 거의 매일 자신들의 아픔을 호소하는 이들이 명동성당 마당을 채웠습니다. 문민정부가 들어선 이후에는 점심 식사 후 직장인들이 산책하며 마음과 몸의 휴식을 취할 수 있는 휴식처가 되었습니다. 그러다가 코로나 사태가 장기화하면서 성당을 찾는 발길이 줄고 있었는데, 염수정 추기경께서 결단을 내려 명동성당 안에 노숙인을 위한 밥집을 만들었습니다. 혹자는 밥집 하나 세운 게 뭐 그리 대단하냐고 하기도 합니다. 그러나 명동밥집은 단순히 가난한 사람들에게 밥 한 끼를 제공하는 차원에서 시작한 것이 아닙니다. 장기간 이어지는 코로나 사태로 인간성을 상실해 가는 사회에 인간성을 다시 회복하자는 메시지를 주고자 하는 것입니다. 코로나 사태가 도무지 끝날 기미를 보이지 않으면서 사람들이 심리적으로 무너져 갔습니다. 경기가 침체되고 길이 막힌 상태에서 발생하는 첫 번째 문제는 우울증입니다. 우울증은 불안증을 동반하고 일상을 살기 힘들게 합니다. 그런데 이것보다 심각한 문제가 바로 인간성 상실입니다. 사람은 격리 상태에서 정상적인 심리를 유지하기 어렵습니다. 지금처럼 느슨할지라도 격리 상태가 장기화되면 인간의 의식 수준은 하향화됩니다. 하향화란 무엇일까요? 인간의 뇌는 파충류, 포유류, 영장류의 뇌로 구성되어 있는데 격리된 환경 속에서는 영장류의 뇌는 마비가 되어가고 파충류와 포유류의 뇌가 활성화된다는 것입니다. 윌버Wilber는 의식의 진화론적 모델에서 이것을 파충류적 의식과 타이포닉 의식이라고 말합니다.

파충류적 의식이란 의식의 가장 원시적 수준으로 본성, 본능적 욕구의 즉각적인 충족을 하려는 상태, 물질과 쾌락 감각에 완전히 빠져서 이성적 판단이 마비된 상태입니다. 음주 운전으로 사람을 다치게 하거나 사망케 하고, 집단감염의 위험성을 경고해도 막무가내로 행동해서 집단감염을 일으키는 무뇌아적인 행동을 하는 것은 아무리 종교인이고 사회적 지위가 높다고 하더라도 그들의 의식 수준이 파충류에 머물고 있기 때문입니다.

타이포닉, 즉 반인반수 의식이란 한마디로 짐승 같은 짓을 하는 상태를 말합니다. 데이트 폭력을 비롯한 학대 행위, 폭력 행사, 단톡방 같은 곳에서 잔인한 게임을 하는 사람들은 이 의식 수준에서 벗어나지 못한 사람들입니다. 이들은 금수보다 못한 것들이란 소리를 듣습니다. 그런데 이들은 자기보다 못한 사람들에 대하여 혐오감을 느끼고 스스로는 대단한 사람인 양합니다. 이들은 외적인 조건으로 사람을 차별하기 일쑤고, 집값이 떨어진다는 이유로 가난한 사람을 혐오합니다. 그리고 여러 나라에서 발생하는 인종차별에 은근한 지지를 보내는 머리 빈 언행을 일삼습니다. 심지어 사람에게 직접적인 모욕을 주기도 합니다. 아파트 입주민이 관리인을 학대하는 경우가 그러합니다.

이처럼 장기간의 격리는 사람들이 스스로 인간이기를 포기하게 만들기에 참으로 위험합니다. 우울증이나 불안증은 약으로 치료할 수 있습니다. 그러나 인간성 상실은 약으로 고칠 수 있는 것이 아닙니다. 공권력으로 처벌한다 해도 인간성은 회복될 수 없습니다. 인간성 회복은 도움이 필요한 사람에게 손을 내밀었을 때 일어납니다. 그런 의미에서 명동밥집은 우리 사회의 인간성 상실을 경고함과 동시에 인간성 회복의

장 역할을 하는 것입니다. 명동밥집을 시작하자 놀라운 일이 일어났습니다. 무려 칠백 명의 자원봉사자가 찾아왔고, 전국의 선한 사마리아인들이 십시일반으로 도움을 주고 있으며, 이는 점점 더 확산되는 추세입니다. 아직 우리나라는 살 만한 나라라는 희망을 품게 해주는 것이 명동밥집입니다.

가장 밑바닥에 있는 사람들에게 얼마나 관심을 두고 배려하는가로 그 사회의 건강성을 측정할 수 있습니다. 아무리 외적으로 번쩍거려도 가난한 사람들을 멸시하고, 그들에 대해 혐오감을 가진다면 그 사회는 건강하지 못할 뿐만 아니라 오래가지도 못합니다. 그리고 일부 정치인들이 늘 우려하는 공산주의자들은 그런 사회적 위화감이 깊어갈 때 생긴다는 것을 유념해야 합니다. 그늘에서 자라는 독버섯 같은 공산주의가 생기지 않게 하려면, 이 나라가 건강한 나라로 성장하려면 소외된 사람, 가난으로 상처 입은 사람들에 대한 배려와 관심이 필수적입니다. 명동밥집이 그런 사회적 운동의 시발점이 되기를 간절히 기도합니다.

9

불편과 불평에 대하여

　인생을 살다 보면 견디기 힘든 일이 생깁니다. 자신에게 버거운 일 혹은 정말로 하기 싫은 일, 불편한 사람들과의 만남 등 이런 상황과 마주치면 마음이 괴롭습니다. 그래서 이런 불편한 마음을 없애기 위해 여러 가지 노력을 합니다만 현실적으로는 쉽지 않습니다.

　더욱이 자아의 힘이 약할 때, 그 불편함은 가중됩니다. 더 이상 피할 수 없는 불편함이 다가올 때 어떻게 해야 할까요? 이럴 땐 '불편함'을 없애야 하는 대상으로만 생각할 것이 아니라, 그것이 내게 주는 의미를 생각해야 합니다.

　토마스 무어는 그의 저서 《영혼의 돌봄》에서 "불편함은 없애야 하는 것이 아니라 영혼이 온전해지기 위해 필요한 것"이라고 말합니다. 불편함 자체가 사람을 온전하게 해주려는 영혼의 소리라는 것이지요.

사람은 부족한 것을 완전하게 채우도록 부름받은 존재가 아니라 부족한 채로 일상생활에서 거룩함을 발견하도록 부름받은 존재입니다. 우리는 거룩한 삶이란 어떤 인간적 감정으로부터 초월한 것으로 아는데 그런 경지의 사람은 아무도 없고, 설령 그런 경지에 이르렀다고 하더라도 일시적 착각이거나 자폐적 상태에 지나지 않습니다. 거룩한 삶이란 역설적으로 자신이 절대로 거룩하지 않음을 깨닫는 삶인데 이런 깨달음은 불편함 안에서 얻어집니다. 즉, 거룩한 삶이란 거룩함과 세속성이 뒤섞인 상태라는 것입니다.

기도 생활을 하시는 분들이 느끼는 불편함 중에는 완전한 평화나 불편함이 없는 삶을 꿈꿔서 생기는 것들이 많습니다. 그것은 일종의 신앙 강박증으로 끊임없이 자신을 채근하고 쉬지 못하도록 하는 데서 오는 불편함입니다. 가톨릭 수도원의 영성은 불편함의 영성입니다. 공동생활을 하며 불편함을 수용하는 훈련을 하는 것이 가톨릭 영성이란 것입니다. 그러하니 기도를 해도 자신의 마음이 달라지지 않고 시궁창 같더라도, 자신을 몰아대지 마시기 바랍니다.

한편, 사람이 살다 보면 불평하게 되는 일이 많습니다. 일이 힘들어서, 사람이 힘들어서, 사는 게 힘들어서, '세상이 왜 이래!' 하며 불평하게 됩니다. 그런데 교회에서는 절대로 불평하지 말고 모든 것에 감사하며 살라고 가르칩니다. 하느님께 받은 게 얼마나 많은데 불평이냐고 야단치기도 합니다. 이 말은 어떤 면에서는 맞습니다. 감사하는 마음을 갖지 않으면 불평 중독자가 돼서 짜증이나 내고 사는 사람이 되기에 십상이니 감사하는 마음을 가지려고 노력하는 것은 바람직하기 때문입니다.

그러나 그렇다고 해서 무작정 불평을 질책하거나 죄악시하는 것은 사람 마음에 대한 무지의 소치입니다. 불평을 못 하게 하면 억압이 돼서 신경증적 질병을 유발합니다. 늘 좋은 이야기만 하는 사람들이 골골거리고 왠지 가식적으로 보이는 것은 이런 이유 때문입니다.

사람이 하는 불평에는 세 가지가 있습니다. 유익한 것과 해로운 것, 기분 풀이용. 이 중에서 우리가 가장 많이 하는 것은 기분 풀이용입니다. 자신의 스트레스를 풀기 위한 불평, 소위 험담이라고 하는 불평은 너무 자주 하면 중독이 되지만 어느 정도는 속풀이 심리 치료 효과가 있기에 가끔 사용하는 것은 유용합니다.

두 번째는 유익한 불평입니다. 이 불평은 지금 고쳐지지 않는 점에 대한 문제 제기를 의미합니다. 이런 불평은 논리적 근거가 있기에 듣는 사람들이 경청한다면 기대 이상으로 좋은 결과를 낼 수 있습니다. 만약 조직 내 아무런 불평이 없다면 그것은 그 조직이 무너지고 있다는 조짐입니다.

세 번째 해로운 불평은 전혀 도움이 되지 않는 불평입니다. 이 불평은 사람과 사람 사이를 갈라놓는 불평입니다. 이런 불평은 본인을 망가뜨리기도 합니다. 교회에서 하지 말라고 하는 불평은 바로 이런 해로운 불평을 말하는 것입니다. 살면서 불평한다는 것은 아직은 힘이 있다는 증거이기에 나쁘게 생각하기만 할 것도 아닙니다. 개똥도 약에 쓸 때가 있다고 불평도 약에 쓸 때가 있으니 잘 사용하며 살아야 합니다.

10

마음의 상처를 치유하는 약

악성 댓글 때문에 자살하는 사람들을 두고 그 까짓것 때문에 목숨을 버리냐고 비아냥거리는 사람들이 있습니다. 심지어 고생을 안 해 봐서 그런 선택을 한 것이라고 말하기도 합니다. 악성 댓글, 정말로 그냥 글에 지나지 않고 사람들에게 아무런 해도 끼치지 않는 것일까요? 그렇지 않습니다. 악성 댓글은 살인 무기와 동일하며 악성 댓글을 다는 것은 살인미수와 같은 짓입니다. 사람 마음에 치명적인 상처를 주고 심지어 죽음으로 내몰 수도 있는 것입니다.

그럼에도 악성 댓글이 난무하고 살벌한 말이 오가는 것은 왜 그런 것일까요? 이는 마음이 어떤 것인지 무지한 탓에 저지르는 만행입니다. 많은 사람이 몸에 대해서는 잘 아는데 마음에 대해서는 의외로 무지합니다. 몸이 약한 데 비하여 마음은 튼튼하다고 여기는 것입니다. 몸은 다치면 아프지만, 마음은 별로 통증을 느끼지 못해서 그런 듯합니다. 사실 마음은 몸보다 훨씬 약합니다.

몸이나 마음이나 살아가면서 상처를 입기 마련입니다. 몸의 상처는 약을 발라 주고 치료해 주면 며칠 지나지 않아서 회복됩니다. 그러나 마음의 상처는 그리 쉽게 아물지 않습니다. 상담 내용의 대부분은 마음의 상처에 대한 것입니다. 그런데 그 상처가 최근 생긴 것이 아니라 아주 오래전에 생긴 경우도 비일비재합니다. 아주 어릴 때 엄마가 맛있는 간식을 오빠에게만 주어서 서운했던 기억, 선생님으로부터 억울한 야단을 맞았던 기억, 이해받지 못해서 섭섭하고 외로웠던 기억 등 시간이 한참 지났는데도 이런 기억들이 사라지지 않고 유령처럼 마음 안에서 떠도는 이유는 무엇일까요? 마음이 아주 약하고 여린 탓에 쉽게 상처 입어서 그런 것입니다. 그래서 정신의학에서는 사람의 마음을 어린아이 살혹은 순두부 같다고 비유적으로 말합니다.

이렇게 여린 마음에 한번 입은 상처는 몸처럼 자연스럽게 아물지 않습니다. 치유하지 않으면 계속해서 피를 흘립니다. 그래서 과거의 아픈 기억들을 잊지 못하는 것입니다. 혹 '나는 누가 뭐라 해도 괜찮아' 혹은 '사내자식이 그 까짓것 가지고 징징대' 하면서 상남자인 양 말하는 사람들이 있는데 대개 허풍쟁이들입니다. 아무리 기골이 장대할지라도 그 마음은 그냥 약할 뿐입니다. 따라서 말을 할 때 독기 품은 말, 적개심이 가득한 말은 삼가는 것이 좋습니다. 내가 내뱉은 한마디가 사람을 죽일 수도 있기 때문입니다. 그렇다면 상처 입은 마음은 어떻게 해야 할까요? 당연히 치유해 주어야 합니다. 그냥 '시간이 가면 잊히겠지' 하는 것은 무지에서 비롯된 생각입니다. 심리학자들은 치유에 대해 이렇게 말합니다. 과거의 상처가 아물어야 과거를 떠나보낼 수 있습니다. 만약 상처를 돌보지 않으면 상처 입은 자아는 안으로 숨어들고 상처 입은 그 시간에 멈춘 채로 발달조차 멈춰 버립니다.

그렇다면 마음의 상처를 치유하는 약은 무엇일까요? 시인 가나모리 우나꼬는 말했습니다. "흙에 새긴 글씨는 물에 젖으면 사라진다. 우리 내면의 상처도 부드럽게 다스리면 아문다." 칭찬, 존중, 이해가 상처치유약이라는 말입니다. 미국의 한 상담가에게 흑인 신사 한 사람이 찾아와 감사 인사를 했습니다. 아무리 봐도 그 신사를 상담해 준 기억이 나지 않는다고 하니 그 흑인 신사는 자신이 어린 시절 가난한 동네에서 살다가 절도죄로 청소년 감호소 같은 곳에 가게 되었는데 그곳을 방문한 상담사가 자신을 보더니 "똑똑하게 생겼는데 이런 데는 왜 왔어" 했다는 것입니다. 성장하면서 한 번도 들어 본 적 없는 칭찬을 들은 어린 소년은 그날부터 공부를 시작해서 지금은 법조인의 길을 가고 있다는 것입니다. 칭찬이 얼마나 중요한지 알려 주는 실제 사례입니다. 칭찬은 존중과 이해, 사랑을 함께 담은 종합비타민 같은 것이라 정신적 영양실조에 걸린 사람들, 마음에 상처가 많은 사람들에게 필수적인 약입니다.

마음에 대한 또 다른 편견은 자신이 스스로에게 한 말은 상처가 되지 않는다고 생각하는 것입니다. 일을 망치고 나서 '에이 못난 놈. 나 같은 걸 누가 데려다 쓰겠어? 내가 하는 게 다 그렇지 뭐' 하면서 자신을 책망하고 심지어 비하하는 사람들이 적지 않습니다. 신앙인들은 더 심합니다. 자신을 죄인 혹은 벌레만도 못한 존재라고 심리적 학대를 가합니다. 그러고는 그것을 자기 성찰 혹은 회개라고 여깁니다. 이것 또한 마음에 대해 무지해서 그런 병적인 자학 행위를 신앙 행위로 착각하는 것입니다. 다른 사람이 나에게 불쾌한 말을 해서 상처를 주는 것처럼 스스로에게 혹독한 말을 해도 마찬가지로 상처를 입습니다. 다른 사람이 칼로 찌르나 스스로를 칼로 찌르나 상처가 나긴 마찬가지란 말입니다. 몸은 알뜰히 챙기면서 마음은 방치하는 것만큼 우매한 짓도 없는데, 마음을 함부로 다루어서 신경증이나 정신병에 이르는 사람들이 적지 않습니다.

11

마음을 편하게 만드는 방법

많은 종교가 마음의 편안함을 강조하며 자신들의 종교가 그것을 줄 수 있다고 홍보합니다. 그렇다면 마음의 편안함을 얻기 위해 불편할 때마다 성당이나 절을 찾아야 할까요? 매번 그렇게 하기는 번거롭기에 평소 자기 마음을 편안하게 하는 훈련을 해야 합니다.

그 첫 번째 방법은 기대하지 않는 것입니다. 우리가 다른 사람들에게 화를 내는 이유는 상대방이 나의 기대에 못 미치는 행동을 하기 때문입니다. 물론 기대가 나쁜 것은 아닙니다. 문제는 지나친 기대입니다. 지나친 기대는 대개 결핍 욕구에서 비롯됩니다. 모든 부모는 자식이 공부를 잘하길 바랍니다. 그러나 부모가 공부하는 모습을 본 적이 없는 아이가 공부를 잘할 수 있을까요? 그런데도 '나는 그렇지만 너는 그래서는 안 된다'는 역설적 심리가 아이에게 터무니없는 기대를 하게 만들고 당연히 기대에 부응하지 못한 아이에게 화를 내는 악순환을 만듭니다. 이렇게 뒤집힌 속을 편하게 하는 유일한 방법은 아무런 기대를 하지 않는 것입니다. 기대하지 않으면 화낼 일도 없어집니다.

이처럼 다른 사람에 대한 기대를 하지 않는 것은 어느 정도 가능합니다. 잘 안 되는 것은 바로 자신에 대한 기대입니다. 자기 기대는 그것이 병적인지 아닌지를 식별하기가 어렵습니다. 자기 기대가 건강한 사람들은 혼잣말로 '잘할 수 있어, 파이팅' 하고 자신을 응원합니다. 그런데 자기 기대가 병적인 사람들은 자신을 비웃습니다. '내가 하는 게 다 그렇지 뭐' 하면서 자기 머리를 때리거나 욕을 하기도 합니다. 병적인 자기 기대는 자신을 짐승처럼 다루게 만듭니다. 자기 마음을 학대하면서 마음의 평안을 얻길 바란다면 어불성설이겠죠. 그래서 마음이 편해지려면 다른 사람에게도, 자신에게도 지나친 기대를 걸지 말아야 합니다.

두 번째 방법은 다른 사람들에게 해 줘야 할 것을 자신에게 해 주는 것입니다. 이런 말을 하면 독실한 신자들은 왜 성경 말씀을 거꾸로 가르치냐고 할지도 모릅니다. 성경은 내가 바라는 것을 남에게 해 주라고 했는데, 거꾸로 자기에게 해 주라고 하니 말입니다. 그러나 심리치료에서는 자기 보상을 아주 중요하게 여깁니다. 다른 사람들이 나를 행복하게 해 주지 않을 때 화를 내는 것만큼 어리석은 일도 없습니다. 그런다고 그 사람이 마음을 바꿀 리 없기 때문입니다. 그런데도 많은 사람이 자기를 행복하게 해주지 않는다고 우울해하고 힘들어합니다. 영리하지 못해서 스스로 병을 만들고 불행해지는 것입니다. 나를 행복하게 만들어 주는 가장 가까운 사람은 바로 자신입니다. 남들이 내 입에 맛있는 걸 넣어 주길 기다리지 말고 스스로 맛있는 것을 먹는 것, 남들이 나를 칭찬해 주길 기다리지 말고 스스로 칭찬하는 것. 이런 방법들은 자기 마음을 편안하게 해 줄 뿐 아니라 행복하게 만듭니다.

세 번째 방법은 나를 불편하게 만드는 것들을 안 보는 것입니다. 여기서 보고, 안 보고 하는 것은 육신의 눈을 의미하는 것이 아니라 마음의 눈을 뜻합니다. 육신의 눈은 무엇인가를 바라보아도 그것에 관심이 없으면 보이지 않습니다. 마음의 눈, 즉 관심이 생겨야 상대방이 보입니다. 그래서 사람은 본 대로 느낀다고 하는 것인데, 나를 화나게 하는 대상을 바라보고 생각하면 마음 안에 당연히 화가 나기 마련입니다. 그래서 보지 말라고, 불편한 상대방을 마음 안에 끌어들이지 말라고 하는 것입니다. 이런 말을 했더니 어떤 분이 '신부님은 혼자 살아서 잘 모른다. 가족이 한 집 안에서 어떻게 안 보고 살 수 있느냐'라고 항변했습니다. 맞는 말입니다. 말이 쉽지, 한 집 안에서 안 보고 산다는 것은 쉬운 일이 아닙니다. 그래서 권장하는 방법이 나를 불편하게 하는 것은 보지 말고 기분 좋게 해 주는 것만 보는 것입니다. 운전하는 분들이 아기 사진을 보이는 곳에 두는 것은 그런 심리 효과 때문입니다. 운전하다가 화가 나서 다른 차를 들이받고 싶을 때 손주 사진을 보면 마음이 가라앉는다고 합니다. 젊은이들의 경우 자기가 좋아하는 사람들의 사진을 가지고 다니면서 보는 것도 마찬가지로 힐링 효과를 가져다 줍니다. 주부들의 경우 지금처럼 코로나로 꼼짝 못 할 때는 앨범을 꺼내 보면서 추억 여행을 하면 좋습니다. 보기만 해도 마치 그 시간, 그 자리에 있는 듯한 느낌을 주기 때문입니다.

이런저런 방법들을 소개했는데 가장 중요한 것은 내가 내 마음을 소중히 여기는 자세입니다. 자기 마음이 의지대로 안 된다고 짜증을 내면 아무리 좋은 방법도 소용이 없습니다.

12

십 년 공부는
도전, 몰입, 통제와 함께

성당에 갓 입교해서 교리반 첫 수업을 받던 분이 교리 교사인 수녀님의 한 말씀에 혹했습니다. "여러분들이 열심히 기도하면 아기 예수께서 여러분의 머리에 손을 얹고 축복해 주시는 기적이 일어납니다." 기도를 열심히 하라고 한 말인데 고지식한 이분은 그 말을 곧이곧대로 듣고 그날부터 아기 예수상 앞에서 머리를 조아리고 자기 머리를 만져 달라고 기도하기 시작했습니다. 그런데 일 년이 가고 이 년이 가고 몇 년이 흘러도 아기 예수상은 움직일 기미를 보이지 않았습니다. 그렇게 하기를 십 년이 되기 하루 전날, 그는 화가 머리끝까지 나서 술을 퍼마신 후 성당을 찾아가 아기 예수상 앞에서 욕설을 퍼붓기 시작했습니다. "야 꼬맹아, 내가 너한테 십 년을 공들였는데 니가 뭐 그리 잘났다고 꼼짝을 안 하고 있는 것이냐. 어린 것이 버르장머리 없이." 그러고는 소주병을 빨고 있는데 느닷없이 누군가가 군밤을 때리는 것입니다. 취한 눈을 들어 보니 아니 아기 예수가 일어나서 자기를 노려보고 있는 겁니다. 아기 예수는 놀라서 눈이 휘둥그레진 그에게 대성일갈하기를, "니가 언제 십 년을 했냐. 구 년 삼백육십사 일이지. 하루가 모자라잖아. 처음부터 다시 하면 소원을 들어주마." 군밤을 맞고 정신없이 도망나간 그 신자는 동네방네 다니면서 자기가 아기 예수에게 얻어맞은 사연을 이야기했는데 그 소문을 들은 수많은 신자가 그 아기 예수상을 찾아가서 기도하기는커녕 군밤이라도 맞겠다고 아기 예수에게 온갖 욕설을 다했다는 믿거나 말거나 한 이야기가 있습니다.

티핑 포인트Tipping Point라는 말이 있습니다. 99도까지는 끓지 않던 물이 1도 차이인 100도에서 펄펄 끓는 것처럼 지속적인 노력을 하면 어느 순간 삶의 전환점이 다가온다는 뜻입니다. 이것은 신앙생활이건 어떤 분야이건 간에 공통적인 현상입니다. 그렇다면 얼마만큼의 시간을 공을 들여야 될까요? 《아웃라이어Outliers》라는 책의 저자 말콤 글래드웰Malcolm Gladwell은 일만 시간의 노력을 기울이면 누구나 아웃라이어, 즉 보통 사람의 범주를 넘어 성공한 사람이 될 수 있다고 했습니다. 일만 시간이란 하루 세 시간씩 십 년간 노력하는 것을 말합니다. 신경과학자 다니엘 레비턴도 일만 시간의 연습을 강조한 사람이지요. 우리가 잘 아는 영국의 뮤지션 그룹 비틀즈, 그들이 귀족 작위를 받고 돈더미에 앉았다는 것은 누구나 잘 알지만 그들이 십 년이라는 세월을 하루 여덟 시간씩 연주 연습을 했다는 사실을 아는 사람은 드뭅니다. 제가 상담 공부를 처음 할 때 들은 이야기도 유사합니다. 십 년은 공부해야 똥오줌 가리는 수준이 되고 이십 년은 해야 자기 자리가 잡히고 삼십 년은 해야 이름값을 한다고 하더군요. 어느 분야에서건 성공의 비결은 장시간 노력하는 겁니다. 그런데 어떤 사람은 성공하고 어떤 이들은 인생을 죽 쑤듯이 만드는 걸까요? '십 년 공부 나무아미타불'이라는 말은 왜 생겼을까요? 그 말은 그냥 시간만 보낸다고 해서 성공하는 것은 아니라는 겁니다. 여성 심리학자 수잔 코바사Suzannek Kobasa는 세 가지 조건을 가져야 십 년 세월에 대한 보상을 받을 수 있다고 했습니다. 도전challenge, 몰입commitment, 통제control 이 세 가지를 가지고 노력해야 한다는 겁니다. 도전이란 위기를 위협이 아닌 도전으로 보는 자세를 의미하고, 통제란 외부 상황을 통제할 수 없다고 해도 그것에 대한 대처 방식은 통제하고자 하는 자세를 말하며, 몰입이란 가치 있는 일에 몰입함으로써 위기와 고난을 성장의 발판으로 만드는 자세를 의미합니다. 이 세 가지를 갖추고 십 년의 노력을 해야 성공한 인생을 만들 수 있는 겁니다. 이렇게 성공한 사람들은 조경수로 쓰이는 나무에 비유되기도 합니다. 조경

수들은 곧게 뻗은 나무들이 아닙니다. 이리저리 뒤틀린 나무들이 조경수로 쓰이는데 이들은 바위 틈새에서도 가지를 뻗으려고 뿌리를 내리려고 안간힘을 쓴 나무들입니다. 그래서 멋없이 큰 나무들보다 훨씬 더 값이 나가는 것입니다.

13

돈이 심리에 미치는 영향

돈을 노리고 남편들을 살해한 혐의를 받는 '이은해 사건'에 대해 성직자들 사이에서도 의견이 분분합니다. 어떻게 사람이 저럴 수가 있을까요. 무엇이 그 아이를 그렇게 만든 것일까요. 영성적인 분들은 저건 사람의 정신으로는 할 수 없는 짓이다, 악령이 들려서 한 짓이라고까지 말합니다. 그러나 좀 더 심리적으로 들여다보면 깊은 결핍 욕구가 보이고, 돈이 그 약점을 자극했다는 것이 보입니다.

돈은 사람이 살아가는 데 아주 중요한 수단입니다. 하지만 동시에 쉽게 얻을 수 없습니다. 고매한 학문 연구가들은 세속적이란 편견 때문에 돈에 대한 언급을 꺼립니다. 그러나 돈은 인간 심리에 아주 큰 영향을 주며, 특히 범죄 동기의 대부분이기에 그 특징을 논할 필요가 있습니다.

사람들이 돈에 끌리는 이유는 무엇인가. 당연히 행복과 깊은 연관성을 가져서입니다. 종교인들은 세속적 욕심을 버려야 행복을 얻는다고 말합니다. 그러나 그렇게 살 수 있는 사람이 있고, 그렇지 않은 사람도 있습니다. 대부분의 사람은 소유욕이 충족되었을 때 행복감을 느낍니다. 그리고 그 욕구 충족의 수단이 돈입니다.

돈은 선택의 폭을 넓혀 줍니다. 돈이 없으면 선택의 여지도 없이 살아야 하지만 돈이 많으면 선택지가 많아집니다. 돈은 사람들로부터 어떤 대우를 받을지 결정짓습니다. 비싼 차, 명품으로 휘감아야 대우를 받는 것이 현실입니다.

또한 사람은 공간에 민감한 존재인데, 돈이 많을수록 넓은 공간에서 살 수 있고, 돈이 없으면 좁은 공간에서 사람들과 부대끼며 살아야 합니다. 이것을 단적으로 알 수 있는 곳이 비행기입니다. 퍼스트 클래스와 이코노미 클래스에서 받는 대우의 차이를 생각하면 이해가 될 것입니다. 이처럼 돈은 인간을 인간답게 살게 해 주기에 모두가 기를 쓰고 돈을 벌려고 합니다.

돈은 심리에도 큰 영향을 미칩니다. 영국 심리학자 폴 웨블리는 돈이 치료 기능을 갖는다고 했습니다. 돈을 세는 것만으로도 고통이나 통증을 견딜 수 있다는 것입니다. 실제로 제가 아는 어떤 부자 영감님은 사과 박스에 현금을 쌓아 두고 마음이 울적하면 돈을 세면서 시름을 달랜다고 합니다. 다른 예시로 사람들을 두 부류로 나누어서 얼음통에 손을 담가 어느 쪽이 잘 견디는지 측정한 실험이 있었습니다. 한 그룹은 돈을 만지게 한 후 넣고, 다른 한 그룹은 그냥 넣었는데 돈을 만진 후 손을 넣은 그룹이 얼음의 차가운 통증을 더 잘 견디어 냈다고 합니다. 돈이 가진 힘을 과학적으로 증명했습니다.

그런데 돈은 반대로 좋지 않은 영향도 크게 미칩니다. 돈이 가진 부정적인 면은 무엇일까요? 인간을 자기중심적으로 만든다는 것입니다. 일군의 과학자들이 실험했습니다. 학생들을 두 그룹으로 나누어서 한 그룹은 돈을 본 후 모이게 하고, 한 그룹은 그림을 본 후 모이게 했습니다. 그림을 본 학생들은 서로 가까이 앉아서 그림에 대한 이야기를 나누는 반면, 돈을 본 학생들은 서로 거리를 두고 앉으려고 했습니다. 돈이 사람을 자기중심적으로 만든다는 것입니다. 또 다른 실험에서는 서민들은 길을 가다가 걸인을 보면 쳐다보고 동전이라도 주고 가는데, 부자들일수록 사람을 보지 않고 간다는 결과도 나왔습니다. 인간의 삶 중 가장 순수한 때인 아기 때에는 사람들의 얼굴을 보느라 정신이 없습니다. 마음이 순수하면 다른 사람들에게 관심을 갖습니다.

가난할 때는 타인의 어려움에 관심을 갖던 사람들이 돈을 벌고 나면 기부조차 하지 않는 경우도 많습니다. 특히 매일 통장의 돈을 관리하는 사람일수록 타인에게 도움을 주지 않는다고 합니다. 그 사람의 심성이 나빠서가 아니라 돈이 사람의 마음을 그렇게 만든다는 것이 심리학자들의 의견입니다.

　남편을 살해한 혐의를 받는 이은해는 어린 시절 착한 아이였다고 합니다. 그 아이를 괴물로 만든 것이 바로 돈입니다. 가톨릭 수도자들은 서원할 때 가난 서원을 가장 먼저 합니다. 가난하게 산다는 것은 인생에서 돈보다 사람을 우선으로 한다는 의미입니다. 그래서 아예 돈에 손을 대지조차 않는 수도자들도 적지 않습니다. 돈의 유혹에 빠지지 않기 위해서입니다.

　물론 일반 사람들이 이렇게 살기는 어렵습니다. 그래도 경계는 해야 합니다. 아무리 돈이 궁하고 쪼들린다 하더라도 돈의 노예가 되는 순간 제2, 제3의 이은해가 될 수 있기 때문입니다. 아이들을 이기주의자나 범죄자로 만들 것인가, 아니면 사회에 기여하는 건강한 사회인으로 키울 것인가는 어린 시절부터 돈에 대한 철학을 어떻게 가르칠 것인지 그리고 어른들이 어떤 사회를 만드는지가 중요합니다. 돈을 신처럼 섬기는 천민자본주의가 아니라 사람을 존중하는 사회여야 아이들이 돈 때문에 사람을 죽이는 괴물이 되지 않을 것입니다.

2부

테스 형,
세상이 왜 이래

1

인문학 경시의 결과는?

근자에 한 유력인사가 인문학을 폄하하는 듯한 발언을 하여 여론이 들끓었습니다. 그러나 여론과는 달리 우리나라에서 인문학은 찬밥 신세입니다. 예를 들어 술에 취해 두서없이 말하거나 비현실적인 이야기를 늘어놓으면 개똥철학이라고 비아냥댑니다. 인문학은 돈벌이가 되지 않는다고 무시하는 경향도 강해서 청년들은 고시에 전념하거나 대기업에 취업하는 것을 최상의 목표로 삼고 살아갑니다. 철학과 같은 인문학은 싸구려 골동품 취급을 받습니다. 그런데 이런 식으로 인문학을 경시하면 사회가 외모는 번듯하더라도 내적으로 여러 문제가 생깁니다. 그래서 인문학이 왜 필요한지, 인문학을 경시하면 사회적으로 어떤 부작용이 생기는지 살펴보고자 합니다.

첫 번째 부작용은 멍청한 인간이 더 멍청해진다는 것입니다. 심리학자이자 과학 저널리스트인 장 프랑수아 마르미옹은 인간은 멍청하다고 규정합니다. 인간에게 동물 같다고 하면 펄쩍 뛰지만 사실 인간은 동물들보다 더 멍청한 짓을 저지르는 존재란 것입니다. 그는 인간이 개방된 마을을 성이라는 이름으로 폐쇄적으로 만들고, 농기구가 아닌 무기를 만들면서 자랑스러워하고, 서로를 죽이는 전쟁을 일으키는 멍청한 존재라고 일갈합니다. 그런데 갈수록 더 무서운 무기를 만들고 지구를 오염시키는 등 멍청한 짓을 멈추지 못하는 이유는 돈 버는 데만 혈안이 되어 생각하는 힘을 키우는 공부는 뒷전에 두어서라고 합니다. 생각하는 힘을 키워 주는 인문학을 경시하면 멍청한 짓을 하면서도 자신이 멍청하다는 생각조차 못 한다는 것입니다.

인간의 뇌는 파충류·포유류·영장류로 구성되어 있다고 합니다. 그런데 인간 존재에 대해 고찰을 하지 않으면 영장류의 뇌는 퇴행하고 파충류와 포유류의 뇌만 발달한 짐승 같은 자들이 생겨납니다. 그래서 우리 사회 안에서 뇌물을 먹고도 뻔뻔하고, 사고를 치고도 사과 한마디 없는 고학력 고지능의 똑똑한 멍청이들이 부끄러운 줄 모르고 나대는 것입니다.

두 번째 문제는 무책임한 개인들이 설치는 집단주의의 발생입니다. 정치철학자인 한나 아렌트는 유대인 수백만 명을 학살한 사건의 총책

임자인 아돌프 아이히만의 재판에 참석했다가 충격을 받았습니다. 잔인하게 생겼거나 특이한 사람일 줄 알았던 아이히만은 그저 평범한 사람이었고, 그가 자신은 학살을 주도한 것이 아니라 명령에 따랐을 뿐이라고 말하는 것을 들으면서 악의 평범성을 보게 된 것입니다.

그렇다면 아이히만을 비롯한 전범들은 왜 파괴적인 명령에 복종한 것일까요? 밀그램이란 심리학자는 실험을 통해 사람들이 자신이 직접 행한 행동임에도 불구하고 그에 따른 책임을 윗사람에게 전가한다는 사실을 알아냈습니다. 특정한 상황이 만들어지면 이성과 양심을 가진 사람도 마치 생각이 없는 부품 같은 상태가 된다는 것인데, 생각하는 힘을 키우지 않으면 이런 현상이 더 심해집니다. 그래서 한나 아렌트는 "생각하지 않는 인간은 악인이 될 가능성이 있다"고 경고한 것입니다.

세 번째 문제는 사회가 그레셤의 법칙처럼 악화가 양화를 구축하는 현상이 생긴다는 것입니다. 사회심리학자 귀스타브 르 봉은 집단심리에 대해 이렇게 말했습니다. "군중은 사유하지 않으며 어떤 사상이든 단숨에 받아들이거나 거부하고, 이의와 반론을 견디지 못하는 한편 암시에 쉽게 조종당합니다. 그래서 군중은 맹목적 복종과 독선, 과격함에 빠지기 쉽다." 히틀러 같은 독재자에게 충성을 바친 독일 군중의 심리를 잘 표현했는데, 이런 집단심리는 제2차 세계대전 당시 독일군에게서만 나타난 것이 아니라 생각하는 훈련을 경시하는 사람들에게서 종종 나타나는 현상입니다. 우리나라의 경우 한 나라가 극단적으로 좌우로 갈라져 중도적인 의견을 내놓는 사람들을 몰아붙이는 것이 바로 이런 집단 심리 때문입니다. 이런 상황 속에서는 목소리 큰 자, 선동적인 자, 충동적으로 공격적인 자들이 판을 치며 생각할 줄 아는 이들이 침묵을 지켜야 하는 현상이 생깁니다. 지식인과 지성인은 다릅니다. 지식인은 로봇과 유사해서 명령에 따라 기술적인 실행만 합니다. 근본적인 문제에 관해 이야기하지 않습니다. 인문학을 경시하면 사회에는 지식기술자들이 많아집니다. 그래서 사람을 존중하지 않고 돈벌이에만 집착하는 인간들이 생기고, 권력에 집착하는 정치 야바위꾼들이 독버섯처럼 생기는 것입니다.

인문학이 힘을 잃으면 지성인이 사라지고, 지성인이 사라지면 독재자가 국민을 세뇌하고 노예화하는 참담한 일이 벌어집니다. 그런 일이 현재 미얀마를 비롯한 여러 나라에서 벌어지고 있습니다. 우리라고 예외일까요?

2

테스 형, 세상이 왜 이래

가수 나훈아가 부른 노래에 '테스 형, 세상이 왜 이래' 하는 절규가 나옵니다. 연일 보도되는 범죄 행각을 보면 그런 소리가 나올 만합니다. 소위 선진국에 들어섰다는 우리나라에서 왜 갈수록 범죄율이 높아지는 것일까요? 그리고 소위 먹물 깨나 먹었다는 이들의 범죄가 증가하는 것은 무슨 이유일까요?

여러 원인 중 하나가 지능 지상주의입니다. 우리나라 사람들의 지능지수에 대한 집착은 대단합니다. 부모들은 자식의 지능지수가 높다고 하면 뛸 듯이 기뻐합니다. 일류 대학 합격을 보장받고 늘 탄탄대로만 달릴 듯이 생각합니다. 아이들도 자신의 높은 지능지수를 자랑합니다. 자신이 다른 사람들보다 뛰어난 사람이라는 자만심을 가진 아이들도 적지 않습니다. 사회적으로도 지능지수가 높은 사람에 대한 평가는 호의적입니다. 그래서 머리 좋은 사람들을 '뇌섹남, 뇌섹녀'라고 호칭하면서 한껏 치켜세웁니다. 심지어 혹자는 한국인은 유대인 다음으로 머리가 좋다고 공언하며 이등 국민 되기를 불사하는 추태를 보이기도 합니다.

그런데 이런 모습을 보는 국제적 시선은 그리 곱지 않습니다. 우리나라의 경제 성장에는 칭찬을 아끼지 않지만 나라 내부 상황에 대해서는 비판적인 시각도 많습니다. 한 외국인 학자는 한국은 서민들의 생계형 범죄보다 엘리트 계급의 범죄율이 높다고 지적했습니다. 실제로 한국 사회에서 고학력군, 지능지수가 높은 자들이 저지르는 범죄율은 감소는커녕 증가 추세를 보이고, 그들은 배우지 못한 잡범들은 꿈도 꾸지 못한 거액을 두꺼비 파리 삼키듯 합니다. 왜 이런 현상이 생길까요? 영성가들은 사람이 지능지수만 높고 영성 지수가 낮을 때 이런 현상이 생긴다고 지적합니다. 영성이란 무엇일까요? '영성'이라고 하면 일반적으로 '삶과는 다른 어떤 것', '유별난 종교인들이 추구하는 것' 혹은 '일상생활에 적응하지 못한 사람들이 도피처로 삼는 곳', '약간 정신 나간 사람들의 비정상적인 사고방식' 등의 이미지를 떠올립니다. 영성에 대한 사회적 편견이 심각한 것입니다. 이런 현상은 일부 종교인들이 기행을 일삼거나 세상을 등진 것이 영성인 양 가르쳐서 생긴 부작용입니다.

영성은 내가 사는 세상과 관련 없는 이야기가 아니라 우리가 깊이 생각해야 할 정신의 영역입니다. 영성이란 나와 다른 사람과의 관계, 나와 내가 사는 환경과의 관계, 그리고 나의 존재성을 인식하는 것입니다. 즉 영성 지수가 높다는 것은 관계성에 대해 깊이 인식하고 있다는 뜻입니다. 이런 사람들은 대개 배려와 공감 능력이 뛰어나고 서로 도와가며 함께 살고자 하는 의지가 강합니다. 이렇게 영성지수가 높은 사람을 가톨릭교회에서는 성인Saint이라고 부릅니다. 이들은 마치 어두운 동굴 속에서 길을 비추어 주는 촛불과도 같습니다.

　반면 지능지수는 높은데 영성 지수가 낮으면 어떤 현상이 생길까요? 첫 번째, 잔머리를 굴리는 야비한 사기꾼이 생깁니다. 서민의 잔돈을 뜯어먹는 금융 사기꾼이 여기에 해당합니다. 이들은 합법을 가장한 불법 행위를 서슴지 않고 저지르는 자들인데, 개처럼 벌어서 정승처럼 산다는 말을 신조로 삼고 사는 사람들입니다.

　두 번째, 돈과 권력만 가지면 상류층이 될 수 있다고 믿는 신종 천민들이 생깁니다. 이들은 자신이 법의 테두리를 벗어난 사람이라고 생각하며 마약·음주운전·갑질·폭행 등의 범죄 행각을 벌입니다. 그리고 '내가 누군데', '우리 집안이 어떤 집안인데' 하면서 허세를 부립니다. 이런 정서적 천민들은 사회를 오염시키는 근원입니다. 이런 자들이 사회를 오염시키고 미래를 어둡게 합니다.

　심리학자 엘리엇 튜리얼이 말하길 "아이들은 타인에게 해를 끼치는 것은 잘못이라는 절대적 진리를 주춧돌로 삼고 그 위에 도덕에 대한 이해를 하나하나 건설해 가야 한다"고 했습니다. 영성을 어린 시절부터 익혀야 함을 강조한 것입니다.

한 사회의 건강 수준은 사회 구성원의 영성 지수와 비례한다고 합니다. 다행히 우리나라는 아직 영성 지수가 높은 사람들이 많습니다. 그 사례로 들 수 있는 것이 명동밥집입니다. 염수정 추기경이 명동밥집을 처음 시작했을 때는 걱정이 많았다고 합니다. 봉사자는 몇 명이나 올까, 후원금은 얼마나 들어올까, 얼마나 지속될까 하고 말이죠. 그런데 무려 칠백 명이 봉사자로 지원했고 후원자도 끊이지 않는다고 합니다. 노숙인과 같이 식사하고 후원금 봉투를 조용히 놓고 가는 분도 적지 않다고 합니다. 소리 없이 선행을 베푸는 영성 지수가 높은 분이 많다는 것입니다. 이처럼 영성 지수가 높은 의인들이 작은 촛불이 되어 우리 사회를 비추고 있습니다. 이런 촛불들이 더 많아져서 우리 사회가 경제적뿐만 아니라 정신적으로도 선진국이 되길 희망합니다.

3

가장 무서운 사회의 적,
적개심

　오래전 소위 운동권 교육 자료라고 불리는 그림을 본 적이 있습니다. 여러 그림 중 한 그림이 눈에 확 들어왔습니다. 적들이라고 지칭된 사람들이 그려진 그림. 그중에 배가 불룩한 종교인의 모습도 있었습니다. 그림은 의도가 분명해 보였습니다. 적개심을 자극하려는 의도. 물론 적개심을 유발하는 의도적인 작업은 좌파뿐 아니라 우파에서도 벌어집니다. 걸핏하면 빨갱이란 낙인을 찍어댑니다. 이 좁고 작은 땅에 사는 사람들 사이에서 적개심은 가장 무서운 적입니다. 우리는 아주 오랫동안 남과 북 양쪽에서 적개심을 가진 사람들에 의해 수많은 목숨을 잃어야 했습니다.

적개심은 분노와는 전혀 다른 것입니다. 사회를 변화시키기 위해서는 분노가 필요합니다. 일부 종교인들이 마음의 평화를 강조하면서 분노의 무용성을 주장하기도 하지만, 건강한 분노는 정의 실현에 절대적으로 필요합니다. 문제는 지나친 분노, 즉 적개심입니다.

적개심은 어떤 사람들에게 생길까요? 바로 자신은 문제가 없고 정의롭고 도덕적이라고 생각하는 사람들입니다. 일반적으로 사람은 자신이 다른 사람보다 편견이 적고 공정하며 도덕적이라고 생각합니다. 물론 가끔은 자신의 허물로 인한 부끄러움이나 죄의식을 느끼면서 살아갑니다. 이것이 건강한 사람의 심리입니다. 그런데 적개심을 가진 사람은 자신이 특별한 사람이란 선민의식을 가지고 있어서 자신에게 다른 사람들을 단죄할 자격이 있다고 여깁니다.

그렇다면 적개심이 일으키는 문제는 무엇일까요? 적개심은 사람을 괴물로 만듭니다. 철학자 프리드리히 니체는 이렇게 경고했습니다. "괴물과 싸우는 자는 자신이 괴물이 되지 않도록 조심해야 한다." 아무리 정의를 이야기한다고 해도 그 마음속에 적개심이 가득하면 사람들이 그를 피합니다. 그 사람의 마음에서 피비린내를 풍기는 괴물이 보이기 때문입니다.

두 번째 문제는 적개심을 품은 사람들이 적개심을 부추기는 사람들에게 이용당하기 쉽다는 것입니다. 정치인·종교인 중에 사욕이 가득한

자들이 대중의 적개심을 부추겨서 자신의 입지를 구축하거나 사익을 추구한다는 사실은 주기적으로 여러 사례를 통해 알려지고는 합니다. 나치 이론가 칼 슈미트는 적과 동지를 가른 후 상대방에 대한 적개심을 불어넣는 것의 효용성을 강조했습니다. 우리나라 역대 권력자들은 히틀러와 유사한 정략으로 국민 분열을 일으키고 자신의 입지를 구축해 왔습니다. 적개심을 정치적 도구로 사용하는 악습이 우리나라에서 적개심을 뿌리 뽑지 못하게 만드는 것입니다. 좁은 땅덩어리 위에서 서로 삿대질하고 반목하고 산다면 집단 정신병에 걸릴 위험성이 큽니다.

그렇다면 이런 병적인 상태에서 벗어날 길은 무엇일까요? 사람의 마음 상태는 무엇을 보느냐에 따라서 달라집니다. 그러므로 잠깐이라도 존경받을 만한 삶을 산 사람들의 이야기에 눈과 귀를 기울일 필요가 있습니다. 그런 사람 중 한 분으로 이태석 신부를 꼽을 수 있습니다. 수도회 신부이자 의사였던 이태석 신부는 서로 간의 적개감으로 갈등이 심한 아프리카 수단에서 어느 편도 들지 않고 총을 겨눈 양쪽 군인들을 모두 치료해 주었고, 그 결과 양쪽의 호감과 신뢰를 얻었습니다. 그리고 전쟁터에서 감정을 상실한 아이들에게 음악을 가르쳐 심리적인 건강을 찾아 주려 애썼습니다. 사람이 어떻게 살아야 하는지를 온몸으로 보여 준 뒤, 자신의 건강은 챙기지 못하고 짧은 생애를 마감했습니다.

그런데 남수단 사람들은 그가 죽은 후 그에 대한 그리움이 더욱더

깊어졌다고 고백했습니다. 남수단 대통령 살바키르는 이태석 신부가 남수단에서 보여준 사랑과 헌신을 절대 잊지 않을 것이라고 말했습니다. 또한 그가 애지중지 가르친 아이들은 그와 같은 사람이 되기 위해 노력했고, 실제로 그 아이들이 남수단의 기둥이 되어 여러 분야에서 이태석 신부와 같은 헌신적인 모습으로 일하고 있습니다. 단 한 사람이 한 나라를 달라지게 한 것입니다. 우리나라는 어떠한가요? 내로라하는 사람들이 방송에 나와 눈에 핏발을 세우고 입에 칼을 문 채로 상대방을 죽일 듯 떠들어 댑니다. 그렇게 정의를 주장하는 사람 중에 이태석 신부처럼 사람들의 마음을 뭉클하게 하고 본받고 싶은 마음이 들게 하는 사람이 누가 있을까요? 아무리 입으로 정의를 외쳐도 마음속에 적개심이 가득하다면 정의로운 사회는 오지 않습니다. 더욱이 그런 사람에게 힘이 주어진다면 그 사회의 앞날에 희망은 없을 것입니다. 그들이 사회를 황무지로 만들 것이 뻔하기 때문입니다.

그래서 간절히 기도합니다. 앞으로 사람들을 부끄럽게 할 존경의 대상이 많이 나오기를, 그래서 우리 사회에서 적대감 때문에 사람을 사람으로 보지 못하는 병적 현상이 없어지기를.

4

독재자의 심리

푸틴이 우크라이나를 침공한 이후 독재자에 대한 이야기가 회자되고 있습니다. 우리나라에서도 예전 독재자들이 다시 거론되고, 심지어 한국인에게는 독재체제가 맞는다는 둥, 한국에 민주주의가 온 것은 시기상조라는 둥 망언도 속출합니다. 일본 우익들이 주장하는 것을 그대로 주워 담는 자들이 있는 것입니다. 이처럼 다시금 고개 내미는 독재자 예찬론에 대해 경고하기 위해 독재자의 심리에 대해 이야기해 보겠습니다.

독재자들은 사이비 교주들과 심리적으로 유사합니다. 가장 대표적인 것이 오만 증후군입니다. 오만함은 전문용어로 자아 팽창이라고 합니다. 속된 말로 간이 부었다는 것인데 오만 증후군은 증세가 갈수록 악화하는 경향이 있습니다.

첫 번째 단계, 자신이 모든 것을 다 안다고 착각합니다. 귀를 막고 눈을 감습니다. '감정 인지불능증'이란 신경증이 있습니다. 자신의 감정도, 다른 사람의 감정도 모릅니다. 그래서 현실 판단 능력이 상실되고 현실과 거리가 먼 이야기를 하며 비현실적인 결정을 내리는 경우가 허다합니다.

두 번째, 편집증적 망상이 심합니다. 자신을 비판하는 사람을 적으로 간주하여 제거합니다. 푸틴을 비롯한 전 세계의 독재자들은 언론을 미워할 뿐만 아니라 억압하고 심지어 없애려고까지 하는데 이는 그들의 정신적 문제가 심하다는 반증입니다.

세 번째, 자신을 국가와 동일시하거나 혹은 국가가 자신의 개인 자산인 양 착각합니다. 사회심리학자들은 권력자가 자신의 거처를 아방궁처럼 지으려 하거나, 뉴스 첫 자리를 차지하려 하거나, 나라 전체를 자신의 초상화로 도배하려고 할 때 조심할 것을 경고합니다. 국가를 자기 것으로 착각하는 망상 증세가 시작되었기 때문입니다.

네 번째, 국민을 획일화하고 싶어 합니다. 어록을 만들어 전 국민이 외우게 하거나 국가 시책에 무조건 동조하도록 강압합니다. 대표적인 인물이 크메르루즈를 이끌었던 폴 포트입니다. 전 국민이 모두 똑같이 입고 먹고 일하게 하려고 했던 인물. 다양성을 부정하고 획일화를 꿈꾸는 자들은 가학적 평등 의식을 가진 정신병자들입니다. 이들은 결국에는 나라 전체를 거대한 감옥으로 만들고, 자신의 입맛에 맞지 않는 사람들을 잔인하게 학살하는 만행을 저지릅니다.

다섯 번째, 국민을 노예화하고 싶어 합니다. 이들은 국민교육에 신경 쓰지 않습니다. 국민이 무지해야 지배가 용이하기 때문입니다. 국민을 빈민 수준으로 만들어 아예 교육에 대한 의지를 꺾어 버리는 후진국형 독재 국가들도 아직 존재합니다. 심지어 국민의 노예화를 위해 군인이 자국민을 살상하게 하는 권력 집단도 있습니다. 미얀마 군부가 그렇습니다. 자신들의 부와 영화를 위해서라면 수단과 방법을 가리지 않는 괴물입니다.

여섯 번째, 오만 증후군의 마지막 단계로 스스로 신을 자처하는 신격화 단계입니다. 나라가 신정 체제로 전환되며 지도자 우상화·신격화 작업이 진행됩니다. 이 단계에 들어서면 독재자의 정신 상태는 거의 분열증자의 수준에 도달해서 애꿎은 사람들을 잡아 고문하고 살해하며, 자신의 부정적 자아의 투사인 사람들을 혐오하는 혐오증을 기반으로 사회적 약자들에게 증오심을 품습니다. 또한 무속적인 것에 집착하여 신으로부터 계시를 받았다고 하거나, 혹은 자신이 신이라고 주장하기도 합니다. 거의 정신병 말기 상태입니다.

독재체제의 후유증은 상상을 초월합니다. 가장 심각한 것은 사람을 비인간적으로 만든다는 것입니다. 심리학자 스탠리 밀그램은 독재자에 대한 맹목적 복종이 가져올 후유증을 경고했습니다. 사람들이 권위자의 명령에 따라 타인을 심각하게 해칠 수도 있다는 것은 악의 없는 사람도 얼마든지 지시에 따라 잔인한 행동을 할 수 있음을 입증합니다.

또한 독재체제가 장기화하면 부정부패가 심각해지고 빈부격차가 심화한다는 것은 이미 여러 사례가 알려 줍니다. 빈부격차는 국민 사이의 격차를 벌려 놓습니다. 고급 교육을 받는 상류층과 교육의 기회조차 얻을 수 없는 서민층의 계층화가 갈수록 심해집니다. 그로 인해 국민의식은 하향평준화 되어 가고 이등 국민론, 삼등 국민론을 비롯한 사대주의적인 생각들이 사회를 오염시킵니다. 독재자는 어느 한 나라만의 문제가 아니라는 것을 러시아의 푸틴이 보여주고 있습니다. 독재자는 암덩어리 같아서 언젠가 다른 나라에도 전이될 수 있습니다. 그래서 암처럼 제거해야 하는 것입니다. 그렇지 않으면 우리 후손들은 노예로 사는 것을 당연시하며 살아가게 될 수도 있습니다.

5

아파트 심리학

아파트 열풍이 식을 줄을 모릅니다. 재산 증식용으로 활용될 뿐만 아니라, 어느 아파트에 사느냐가 사회적 지위와 신분을 규정짓는 희한한 사회적 현상까지 생겼습니다. 카를 마르크스가 살아서 보았다면 혀를 내두를 만한 현상입니다. 국내선 비행기를 탔을 때 창밖을 내려다보면 전국이 아파트 물결입니다. 그런데 이렇게 전국을 아파트로 채워 가는 것이 과연 바람직한 일일까요?

아파트에는 사실 많은 문제점이 있습니다. 첫 번째 문제, 전통적이고 문화적이고 역사적인 것을 사라지게 합니다. 유럽에서 오랫동안 살다 온 분들은 이구동성으로 말합니다. 한국에 처음 오면 유럽에 비해 깔끔하고 편한 구조에 탄성을 금치 못하는데, 시간이 가면서 느려터지고 지저분한 유럽이 그리워진다고. 지저분하지만 볼 것 많은 유럽의 거리, 그 골목길을 여유롭게 산책하던 날들이 떠올라 갈수록 갈증이 난다는 것입니다.

우리나라 아파트는 이름만 다를 뿐 전국이 다 엇비슷합니다. 길쭉한 상자 같은 모양이 줄줄이 서 있는 것을 보면 문화적 가치는 고사하고 기괴한 느낌까지 듭니다. 마치 공장에서 찍어낸 듯한 모습을 보면서 한국을 처음 방문한 외국인은 한국에는 웬 교도소가 저리도 많은가 하고 경악했다는 이야기도 있습니다.

유럽의 옛집은 오래된 집 위에 새집을 얹어서 짓는 경우가 많습니다. 그런데 그 모습이 궁상맞아 보이지 않고 오히려 고풍스러워 보입니다. 반면 우리나라 아파트는 기존의 집들을 깡그리 철거하고 그 위에 새로 짓습니다. 돈독 오른 난개발이 문화와 역사를 뭉개 버리는 것입니다.

두 번째 문제, 사람을 곡예단 원숭이처럼 만듭니다. 요즘 층간소음으로 인하여 이웃 간에 갈등이 심한데, 이런 소음은 건설사들이 싸구려 자재를 사용해서 생긴 부작용입니다. 저가 공사를 하다 보니 방음이 되지 않는 것입니다. 하지만 언론에서는 주민들이 속이 좁다며 탓하고 이웃 간의 정을 운운하면서 물타기를 하려고 합니다. 심지어 부동산 업자는 가격 부풀리기에 혈안이고, 주민들 역시 그 게임에 끼어들어서 일희일비합니다. 마치 원숭이 게임monkey play을 보는 듯합니다. 이렇게 사람들을 원숭이로 만들어서 사익을 챙기는 자들이 누구인지 궁금합니다.

세 번째 문제는 소통 단절입니다. 달동네 골목길은 담도 낮고 심지어 문이 열려 있는 집들도 있습니다. 그래서 이웃 간 잔정도 많고, 궂은 일이 있으면 서로 도우며 살아갑니다. 골목길 안 구멍가게는 동네 노인들의 휴식처입니다. 말 그대로 소통 문화가 보편화되어 있는 곳이 골목길입니다. 관광 온 외국인들도 한국의 이런 골목길 문화에 심취되는 경우가 많습니다.

그러나 아파트는 주민들 간에 대화가 없습니다. 엘리베이터 안에서도 아무도 아는 척하지 않고, 심지어 이사를 와서 인사를 가도 피곤하다고 오지 말라고 한답니다. 웬만한 아파트에는 검문소 같은 관리소가 있고, 이는 고급 아파트로 갈수록 심해집니다. 그래서 소통은커녕 격리에 격리가 더해진 느낌을 받습니다. 아파트에서는 사람 간의 정, 사람의 흔적을 찾을 수가 없습니다.

네 번째 문제는 계층의식입니다. 아파트로 신분을 가리는 현상은 서민층으로 내려갈수록 오히려 더 심해집니다. 심지어 싸구려 아파트와의 사이에 분리 벽을 만들기도 합니다. 가난한 사람이 가난한 사람을 차별하는 웃지 못할 코미디 같은 일들이 아파트에서 벌어지고 있습니다. 아파트가 사람의 신분과 품위를 결정짓는다고 믿는 파충류적인 망상론자들이 점점 더 늘어나고 있어서 걱정입니다.

다섯 번째 문제는 건강입니다. 한의학에서는 사람이 땅에서 멀어질수록 병에 잘 걸린다고 말합니다. 신학생 시절 시골에서 잠깐 농사를 지을 기회가 있었습니다. 잡초를 뽑아서 흙 위에 놓았는데 다음날 가보니 잡초가 살아 있었고, 농사짓는 분에게 핀잔을 들었습니다. 흙은 뽑아낸 잡초도 다시 살리는 힘이 있어서 콘크리트 같은 것 위에 올려놓아야 죽는다고 합니다. 이처럼 흙은 그 자체로 생명력을 가진 것이기에 몸이 좋지 않은 사람들에게 맨발로 흙을 밟을 것을 권하기도 하고, 일부러 황토로 지은 집에서 사는 사람들도 적지 않습니다. 그런데 고층 아파트들은 이런 건강 상식에 역행하고 있습니다. 아무리 가구가 고급이고 전망이 좋아도 땅에서 멀어진 집들은 사람에게 좋을 리가 없습니다. 아파트가 위생적이라고 항변하는 분들이 계실지 모르나, 아파트 문화가 생기면서 아이들이 아토피라는 피부병에 시달리는 것을 생각해보면 이해가 갈 것입니다. 이렇게 단점 투성이인데다 싸구려로 지은 아파트를 수억 원대에 팔아넘기려는 자들은 오래전 대동강 물을 팔았던 봉이 김선달을 능가하는 사기꾼들입니다. 이런 사기꾼들의 농간에 전 국민이 원숭이가 되고 있습니다.

6

자살이란 없다.
타살만 있을 뿐

　요즘 젊은이들이 극단적 선택을 했다는 소식을 들을 때마다 가슴이 먹먹합니다. 그런데 우리 사회는 이렇게 극단적 선택을 한 불쌍한 사람들에게 몰인정합니다. 책임지지 못할 말을 함부로 던집니다. '죽을 용기가 있으면 살지, 왜 죽어?'부터 '독한 것들이 자살하는 거야' 하면서 남말하듯이 합니다. 심지어 '자살자는 구원받지 못하고 지옥으로 떨어진다', '기도해 봐야 소용없으니 기도하지 말라'는 등 잔인한 말을 서슴지 않고 하는 진상 종교인도 적지 않습니다. 그런 말을 듣는 유족들은 가족을 잃은 상실감에 더해 큰 상처를 입는 이중고를 치러야 합니다.

　그래서 극단적 선택에 대해 분석하고자 합니다. 우선 용어부터 재고

해야 합니다. 자살이란 용어가 혐오스럽다고 '극단적 선택'이란 말로 바꿨나 본데, 너무 잔망스럽습니다. 자살은 자신이 자신을 죽였다는 것이고, 극단적 선택도 자신이 선택한 것이라는 의미입니다. 두 가지 용어가 모두 죽은 사람의 문제이지, 나와는 아무 관련이 없다는 면피의 의미가 밑바닥에 깔려 있습니다. 그러나 정확하게 말하자면 자살이란 없습니다. 타살만 있을 뿐입니다. 범죄 사건처럼 한 사람이 살인을 한 것이 아니라 익명의 다수가 자살을 방조했다는 말입니다. 그 다수가 바로 우리입니다.

사람을 자살하게 만드는 원인은 무엇일까요? 우선 극단적 선택을 한 사람들에 대해 나는 책임질 일이 없다고 생각하는 것 자체가 자살 방조의 원인입니다. 사람이 죽어도 아무 느낌이 없고 나와는 상관없는 일이란 사고방식이 사회를 황량하게 만들고 심리적 소외감에 시달리는 사람들을 죽음으로 내몹니다.

두 번째는 우리 사회에 만연한 혐오 문화, 차별 문화입니다. 언젠가부터 우리 사회에 외적 조건만으로 스스로를 귀족화하는 천민 문화가 범람하기 시작했습니다. 자신의 아이가 가난한 집 아이들과 어울리지 못하게 하고, 성적이 떨어지는 아이들을 멀리하게 할 뿐만 아니라 집값에 집착해서 사람을 무시다 못해 장벽마저 쌓고, 마치 나환자 대하듯이 합니다. 이런 천민 문화가 귀족 문화로 둔갑해서 우리 사회를 시궁창으로 만들고 있습니다. 흉기로 사람을 죽이는 자만이 살인범이 아니라 사람으로 하여금 생의 의욕을 잃게 만드는 천민 문화 양산자들도 살인자들인 것입니다. 이런 천민 문화가 사라져야 극단적 선택을 하는 사람들도 감소할 것입니다.

나는 모든 사람들이 마음의 특징을 상식적으로 알아야 한다고 생각합니다. 사람의 마음은 우리가 생각하는 것만큼 강하지 않습니다. 오히려 '유리 멘탈'이라는 말처럼 여리고 약합니다. 누군가 무심히 던진 말에도 죽을 것 같은 아픔과 상처를 입는 것이 마음입니다. 그래서 사람들에게 편견 어린 말을 하지 않도록 조심해야 합니다. 이렇게 약하디약한 마음의 상처는 약으로 치유가 안 되고, 누군가가 경청하고 공감해 주어야 치유가 됩니다. 몸 안의 안 좋은 것들을 배설해야 건강해지듯이 마음 안의 배설물도 해소를 해야 하는데, 이것은 누군가가 들어주어야 가능합니다. 그래서 가톨릭교회에서 자살예방센터와 상담방송을 운영하는 것입니다. 이야기를 진지하게 들어주는 한 사람이 죽음의 길로 걸어가는 여러 사람의 발걸음을 돌아서게 할 수 있습니다.

두 번째는 사회적 관계망이 촘촘해야 합니다. 일본에서는 독거노인의 고독사가 늘고 있다고 하는데, 이런 현상이 우리나라에서도 증가하는 추세입니다. 인적 관계망이 허술하거나 없을 때 일어나는 현상입니다. 일본 시골집은 집 주변에 대나무를 많이 심습니다. 지진이 일어나서

집이 가라앉으려고 할 때 대나무들의 얽히고설킨 뿌리들이 집을 받쳐 준다는 것인데, 이것은 인간관계에서도 마찬가지입니다.

세 번째는 어떤 종교라도 좋으니 종교를 갖는 것이 극단적 선택을 예방하는 데 큰 도움이 됩니다. 사람의 의지는 생각보다 그리 강하지 않습니다. 작은 일에도 흔들리고 힘들어하는 것이 사람입니다. 그래서 어떤 영성가는 인생을 '작은 배를 타고 바다를 항해하는 것'에 비유하기도 했습니다. 사람은 이렇게 약하기에 의지할 수 있는 신적 대상이 필요합니다. 우리의 마음 안은 여러 가지 소리들로 복잡합니다. 그런데 그 소리들이 다 좋은 소리가 아니고, 어떤 것들은 사람을 궁지로 몰기도 합니다. 그중에서 가장 최악인 놈은 사람으로 하여금 죽음의 길로 가게 만드는 놈입니다. 그것을 종교에서는 유혹자라고 부릅니다. 아주 오래전부터 사람이 죽음의 충동을 느끼게끔 하는 존재, 이것을 물리치는 것은 사람의 의지만으로는 안 됩니다. 종교의 힘, 신의 힘이 필요합니다.

춥고 아픈 마음으로 세상을 등진 영혼들을 위해 기도합니다. 지금 머무는 곳은 따뜻하고 편안한 곳이기를 기도합니다.

7

죄 없는 자, 돌을 던져라

우리나라에는 건드리지 말아야 할 대화 주제가 두 가지 있습니다. 종교와 정치. 특히 정치 이야기는 삼가야 합니다. 정겨운 술자리에서 정치 이야기를 하다가 치고받고 싸워 원수지간이 되는 경우가 비일비재합니다. 우리 사회는 지금 총 없이 설전을 벌이는 내전 중입니다. 정치적 의견으로 갈라져서 서로를 삿대질하고 있습니다. 혹자는 그렇게 토론을 벌이는 것이 우리 사회가 민주사회라서 그런 것 아니냐고 반문하기도 합니다. 얼핏 보면 그럴듯합니다. 그러나 자세히 들여다보면 좀 다릅니다.

민주사회와 독재국가의 차이 중 하나는 의견의 다양성과 획일화입니다. 대부분의 독재국가들, 특히 사회주의 국가들은 정부가 언론을 통제하면서 국민들에게 획일화된 사고를 강요합니다. 우리나라 역시 군부

통치 시절에 그러했지만 지금은 정치적 후진국을 면한 것처럼 보입니다. 여러 매체가 요란하게 떠들어 대는 것을 들으면 우리가 표현의 자유를 마음껏 누리고 있으며 다양한 의견이 존중되고 수렴되고 있는 듯합니다. 그러나 실제로는 양분된 획일화 현상이 나타나고 있을 뿐입니다.

글을 쓰면 신부님은 어느 쪽이냐는 질문을 받을 때가 종종 있습니다. 그런 질문을 받을 때마다 사람 마음을 치유하는 데 좌냐 우냐를 따지는 것만큼 멍청한 짓은 없다고 대답해 주고 싶습니다. 똑똑한 척하는데 가장 멍청한 것이 단답식 답을 전제로 한 질문입니다. 가끔은 자칭 지식인들이 문제아들입니다.

양분된 획일화는 당연히 국민 정서에 좋지 않은 영향을 미칩니다. 심리학자들에 의하면 획일화된 교육, 즉 주입식 교육을 받은 사람들은 창의성이 떨어지고 개성이 사라진다고 합니다. 앵무새처럼 남이 가르쳐 준 것을 반복하는 기계적 인간이 된다는 것입니다. 이런 사회에서는 다른 의견을 용납하지 않고 그들을 이단이나 사회 부적응자로 몰아갑니다. 집단 안에서 목소리가 큰 몇 사람이 주도권을 잡고, 대다수는 집단 순응주의자가 됩니다. 내부에 비판자가 없는 집단은 위험합니다. 다양한 비판적 이론을 내놓는 지식인들이 사라지는 국가는 위태롭습니다. 중국은 문화혁명으로 지식인들을 없앤 후 문화 후진국으로 전락했고, 캄보디아는 킬링필드 후 나라가 일어날 기미조차 보이지 않습니다. 그런데 그 나라들이 강 건너에 보이는 불난 집이 아니라는 점을 유념해야 합니다.

획일화가 심해지면 심리적 방어기제 중 미성숙한 것들이 판을 칩니다. 가장 심한 것이 편가르기입니다. 편가르기는 어린 시절 철없는 아이들이나 하던 짓인데 어른이 되어서도 내 편 네 편 따지는 것은 심리적으로 성장하지 못한 것입니다. 편가르기는 심리 용어로 분단splitting이라고 합니다. 자아가 아직 성숙하지 못한 상태에서 자기 자신과 대상을 온전한 개체로 파악하지 못하고 그저 좋은 부분과 나쁜 부분으로만 인지하는 것을 말합니다.

또 하나의 문제적 방어기제는 반동 형성입니다. 겉과 속이 다른 것으로, 어떤 것에 대하여 적개심이나 혐오감을 갖는 것은 자신도 같은 부류라서 그렇다는 것입니다. 예컨대 동성애자를 혐오하는 사람들이 동성애 가능성이 높고, 부자들을 싸잡아 도둑놈이라고 비난하는 사람들이 돈에 집착하는 사람들이고, 적개심을 가지고 정의 실현을 외치는 사람들이 부패할 가능성이 높다고 합니다. 지나친 표현은 그 내부에 반대되는 욕구가 숨어 있기에 나온다는 것입니다. 이런 미성숙한 방어기제를 계속 사용하면 건강한 인간관계 형성이 어려운 것은 물론이고 정상적 발달이 불가능하며, 공동체는 분열을 거듭하면서 점차 파멸의 길로 접어듭니다.

그런데 이런 현상이 사라지지 않는 이유는 무엇일까요? 아직도 우리 사회가 주입식·군대식 사고방식이 강해서 그렇습니다. 교육제도 역시 일류 대학 입시만을 목표로 삼고 개성을 살려 주지 못해서 아이들에게 생각하는 능력을 키워 주지 못합니다. 또 하나는 정치인들의 문제입니다. 국민을 편가르기하도록 선동하여 자신의 이익을 추구하려는 부패한 정치인이 아직도 건재합니다.

그렇다면 어떤 처방이 좋을까요? 그 답을 성경에서 찾을 수 있습니다. 간음한 여인에게 돌을 던지려는 자들에게 예수 그리스도는 짤막한 돌직구를 던집니다. "너희 중 죄 없는 자, 저 여인에게 돌을 던져라." 이 말씀은 자기 문제를 보라는 직언입니다. 심리학에서는 사람을 두 부류로 나누기도 합니다. 자신에게 문제가 있다고 생각하는 사람과 문제가 없다고 생각하는 사람. 자신에게 문제가 없다고 생각하는 사람들이 사회에 해를 더 많이 끼쳤음을 역사가 증명합니다. 지금은 자신의 지나친 정의감이 어떤 문제를 내포하는 것인지 살펴볼 시간입니다.

8

피의 범죄를 저지른
카인의 후예들

인류 역사상 첫 범죄자로 불리는 카인. 창세기에서는 자신의 동생을 죽인 카인에게 이런 저주가 내려집니다. "네 아우의 피가 땅에서 나에게 울부짖고 있다. 땅이 입을 벌려 네 손에서 네 아우의 피를 받아 내었으므로 너는 그 땅에서 쫓겨날 것이다."

우리는 카인처럼 피의 범죄를 저지른 자들을 카인의 후예라고 부릅니다. 지금 미얀마에서는 카인의 후예들이 극악무도한 학살극을 벌이고 있습니다. 추기경을 만난 미얀마 청년들은 입을 다물 수 없을 정도로 극악무도한 군인들의 만행을 고발했습니다. 그들의 살상에 대한 이야기는 이미 보도되었지만, 현재 미얀마 군부의 행보는 상식을 넘어선 상태라고 합니다. 한 외국인 점쟁이가 시위대의 머리에 총을 쏴야 권력을 유지할 수 있다고 한 말을 곧이곧대로 믿고 이를 시행하고 있습니다. 신한은행 직원 등 여러 사람이 머리에 총상을 입은 것은 우연이 아니란 것입니다. 또한 불상의 머리에 자기 머리 모형을 얹어놓고 스스로 부처님 행세를 하는 자들도 있다고 합니다. 이렇게 비정상적인 미얀마 군부의 지시를 받는 군인들은 이미 로힝야족을 학살하며 피 맛을 본 자들인데 자국민에게도 다시 잔인한 만행을 저지르고 있습니다.

이들을 보고 사람들은 어떻게 인간이 저런 짓을 할 수 있을까 한탄하는데 이들은 인간의 탈을 쓴 괴물이지 인간이 아닙니다. 종교인들은 총상 입은 환자를 불에 던져 산 채로 죽이는 이들을 두고 악령이 씐 괴물이라고 경악합니다. 잔학한 살상 행위를 서슴없이 저지르고 동영상을 찍어 자랑하며 파티까지 하는 그들은 지옥에서 올라온 악마 그 자체입니다. 그렇다면 미얀마를 공포의 도가니로 만드는 이들의 최후는 어떠할까요? 창세기 속 카인처럼 이들에게도 저주가 내려질까요?

첫 번째 저주는 죽은 원혼에 대한 공포입니다. 대량 학살자의 대표자로 불리는 스탈린은 누군가 자기를 죽일지도 모른다는 생각에 집안을 미로처럼 만들었고, 침대를 여러 개 준비해서 매일 잠자리를 바꾸었으며, 심지어 밤마다 누군가 찾아온다며 공포에 떨었다고 합니다. 사람을 죽인 후 심리적 후유증이 일어난 것입니다. 이런 현상은 월남전에서

돌아온 우리 군인들에게도 나타났습니다. 자신이 죽인 베트남 사람의 모습이 자꾸만 보여서 임종 시 공포에 떨었다는 이야기는 어느 한 사람만의 이야기가 아닙니다. 얼마 전 광주에서 자신이 죽인 시민에 대한 죄책감에 시달리다 유족들에게 엎드려 사죄한 공수 부대원의 기사가 실렸습니다. 원혼의 저주에서 벗어나기 위해 사죄한 것으로 짐작됩니다. 이런 일은 비단 군인들에게만 일어나는 일은 아닙니다. 낙태 수술로 많은 돈을 번 한 의사는 임종 시 자신이 죽인 어린아이들의 원혼에 시달렸다고 합니다.

이런 사례를 보면 사람을 죽인 사람들이 세월이 흐른 뒤에 겪을 고통이 짐작됩니다. 미얀마 군부도 지금은 승자가 된 듯이 굴지만, 노년에 원혼과 온갖 질병에 시달릴 것이 분명합니다. 심지어 이렇게 학살을 자행한 자들의 무덤에는 또 다른 저주가 퍼부어진다고 합니다. 다시는 살아나지 말라고 무덤에 십자가를 박아버리거나 무덤을 파헤치고 시신을 훼손하는 것입니다.

두 번째 저주는 그들의 후손에게 내려집니다. 조상이 죄를 지으면 그 저주가 후손에게 미친다는 이야기는 아주 오래전부터 인류 역사 안에서 이어져 내려온 이야기입니다. 이런 사실을 아는 사람들은 원혼을 달래려 노력합니다. 오래전 우리나라에서 만행을 저지른 일본인의 후손들이 조상의 죄를 대신해 사죄의 기도를 하는 것, 우리가 베트남 민간인 학살 지역에 여러 가지 복지 혜택을 주는 것은 그들의 한을 풀어 주고 그 한의 저주가 후손에게 미치지 않기를 바라는 마음에서 하는 것입니다. 독일 총리들이 유대인 학살에 대하여 때마다 사죄의 모습을 보이는 것도 같은 맥락입니다.

지금 미얀마 군부는 자신들이 하는 짓이 무엇인지 모르는 듯합니다. 국민을 공포로 몰아넣고 종처럼 부리고 싶어 할 뿐, 자신들의 미래가 지옥으로 향하고 있다는 것은 모릅니다. 그런 군부의 만행에 미얀마 청년들은 목숨 건 투쟁을 하고 있습니다. 오랜 억압에서 풀려나 오 년간의 자유를 맛본 청년들은 다시는 예전과 같은 노예의 삶으로 돌아갈 수 없다고 외칩니다. 우리는 이들의 외침을 외면해서는 안 됩니다. 우리가 겪었던 일이고 다시 일어날 수도 있는 일이기에 한마음으로 미얀마의 미래를 위해 싸워야 합니다. 미얀마 청년들이 말하기를 그들은 절대 은혜를 잊지 않는다고 합니다. 신뢰할 수 없는 나라들에 둘러싸인 우리나라에 미얀마는 든든한 미래의 동반자가 될 수 있습니다. 청년들이 훗날 미얀마의 기둥이 되었을 때를 생각한다면 기꺼운 마음으로 도와야 할 것입니다.

9

지구가 우리에게 준 멈춤의 시간

2020년부터 코로나 사태로 인하여 시간이 멈춘 것 같았습니다. 비행기도 배도 뜨지 못하고, 사람들은 격리로 인하여 다니지 못하고, 거리는 마치 유령도시처럼 썰렁했습니다. 마치 시간이 멈춘 듯한 느낌. 그런데 2022년이 된 지금도 코로나 사태는 진정되지 않아서 얼마간 멈춤의 시간이 지속될 것 같습니다. 그래서 이 멈춤의 시간을 어떻게 보낼 것인지에 대해 몇 가지 조언을 하려 합니다.

첫째, 인간 쓰레기들을 조심하십시오. 몸이 아프면 온갖 잡균이 몸을 더 힘들게 하듯이 사람 사는 환경이 열악해지면 잡균 같은 인간이 설치고 다닙니다. 그중 대표적인 무리를 소개합니다. 먼저 종말론자들. 이들은 절대로 없어지지 않는 신경증 환자들입니다. 사회가 조금만 어려워져도 독버섯처럼 생겨나서 마치 정신 나간 사람처럼 길거리를 헤매면서 신의 노여움과 천벌에 대하여 강변합니다. 이미 수많은 사이비 교주들이 비현실적인 구원론으로 사람들을 현혹하고 그들의 가정을 풍비박산으로 만들었습니다.

그리고 불안·공포 유포자들. 이들은 케케묵은 예언들을 끄집어 내 이현령비현령 식으로 꿰맞추는 데 선수인 사람들입니다. 작은 빌미라도 있으면 이를 확대해석해서 사람들 마음속 불안의 불씨를 키우는 그리고 사람들이 불안해하는 것을 즐기는 변태 성욕자입니다.

또 악성 정치인들. 이들은 사회적 상황을 자기 인지도를 높이는 데 이용하는 무책임한 자들입니다. 이들은 수준 낮은 정책을 남발하기 일쑤고, 근거 없는 말로 민심을 현혹하는 자들입니다. 마지막으로 비관주의자들도 조심해야 합니다. 이들은 미래를 향한 문을 닫아 버리고 새로운 것을 보지 않으려 하며 스스로를 궁지로 몰아넣는 자들입니다. 이들은 성장을 방해하고 마비시키며 무언가 행동하기보다는 마약 중독자처럼 비현실적인 망상 세계 속에서 살려고 합니다.

둘째, 코로나 블루에 감염되지 않도록 조심하십시오. 코로나바이러스보다 더 위험한 것은 코로나 우울증입니다. 코로나바이러스 확진자는 전체 인구 대비 소수에 지나지 않습니다. 그러나 코로나 사태가 시작된 이후 전 세계 사람들이 코로나 우울증에 감염되었습니다. 느슨하지만 격리 상태가 장기간 지속되면서 심리적으로 취약해지며 이런 현상이 생긴 것입니다. 코로나바이러스는 약물 치료가 가능하지만, 코로나 우울증은 극단적 선택으로 진행될 가능성이 높아서 더 많은 주의가 필요합니다. 거리두기를 통해 감염을 예방할 수 있는 코로나바이러스와는 달리 코로나 블루는 역(逆) 거리두기, 즉 심리적인 거리를 없앰으로써 예방됩니다. 실제 만남은 어렵더라도 여러 가지 매체를 통하여 안부를 묻고 고립감을 없애는 것이 중요합니다.

셋째, 우리 삶에 대해 반성해야 합니다. 우선 지구에 대한 우리의 태도를 돌아보겠습니다. 인간은 만물의 영장이라고 배워 왔고, 종교에서도 은근히 인간의 우수성을 가르쳐 왔습니다. 그런데 이런 사고방식은 지극히 인간중심주의이며, 지구의 입장을 고려하지 않은 이기적인 사고입니다. 지구의 입장에서 본 인간은 해충에 지나지 않습니다. 지구의 머리에서 핵실험을 하지 않나, 지구의 허파인 바다에 쓰레기를 버려서 오염시키지 않나, 무차별한 개발로 자연을 훼손하고, 심지어 서로를 증오하고 살육전을 벌여서 지구를 피바다로 만드는 것이 인간이란 종자입니다.

지구가 보기에 이런 인간들이 어떻게 보일까요? 해충들입니다. 코로나는 지구가 해충을 정리하려고 일으킨 전염병일지도 모른다는 생각이 듭니다. 전 세계가 백신을 확보하면 코로나를 없애고 예전처럼 살 수 있을 것이란 희망을 갖고 있다면, 천만의 말씀입니다. 지금처럼 지구에 빌붙어 사는 주제에 지구를 훼손한다면 코로나보다 더 독한 전염병이 돌 것이 자명합니다. 그래서 프란치스코 교황은 전 세계인에게 메시지를 보냈습니다. 교황은 우리가 지구에 가하는 훼손은 결국 감사하는 마음을 상실한 데서 비롯되었다고 지적하면서 인간은 그저 소유하는 데만 익숙해졌을 뿐 감사하는 마음은 잃었다고 경고합니다. 그러면서 생태적 회심ecological conversion이 필요하다고 강조합니다. 그는 지금의 위기에 대해 이렇게 언급합니다. "위기의 전후가 같을 수는 없다. 더 좋아지거나 더 나빠진다." 교황의 말처럼 위기 후 어떤 세상이 올지는 우리가 지금 이 시간을 어떤 마음가짐으로 대하며 어떻게 사는가에 달렸다고 생각합니다. 멈춤의 시간을 가톨릭교회에서는 피정의 시간이라 합니다. 세상살이를 떠나 고독감 안에서 자신이 살아온 길을 돌아보고 앞으로 나아갈 길을 생각해 보는 시간이 피정입니다. 지금 이 멈춤의 시간을 피정의 시간으로 사용한다면 과거보다 더 좋은 세상이 만들어질 것이라 생각합니다.

10

영화 〈기생충〉을 보고
불편한 사람들의 심리

봉준호 감독의 〈기생충〉을 보고 난 후 지인 간의 대화 중 한 사람이 벌컥 화를 냈습니다. "그 사장은 죽어 마땅해, 어떻게 사람한테 냄새가 난다고 코를 싸맬 수가 있는 거야." 그런데 그 이야기를 듣는 사람들 모두 고개를 끄덕이는 것이 아니라 어떤 이는 고개를 갸웃하는 것입니다. 그 모습을 보면서 '아, 사람의 느낌이 다 같은 것이 아니구나' 하는 생각이 들었습니다.

〈기생충〉이라는 영화는 사회학적 관점에서 보면 빈부격차 문제, 계층 문제를 다룬 것으로 볼 수 있습니다. 그런데 기존 것과는 달리 보고 나면 마음이 불편하다는 분들이 적지 않습니다. 왜 그럴까요? 코를 싸

매는 사장을 보면서 왜 화가 난다고 할까요? 반면 어떤 분들은 운전기사가 선을 넘는다고 은근히 괘씸해합니다. 이런 심리적 반응을 보이는 것은 사실 자신의 처지를 투사했기 때문입니다. 사장에 대해 화를 낸 사람들은 자신의 지금 처지가 반지하 신세라는 것을 입증하는 것이고, 사장의 입장을 옹호하는 사람들은 자신이 지금 지상에서 살고 있다고 느끼는 사람들이라는 말입니다. 그런데 영화를 보는 내내 이 영화는 반지하에 살고 있다고 생각하는 사람들이 만든 것이로구나 하는 생각이 들었습니다. 영화 자체가 너무 단순하게 사회를 삼등분으로 묘사해서 그런 느낌을 지울 수가 없었습니다. 저는 제가 하는 일의 성격상 부자인 분들을 많이 만났습니다. 그런데 그분들을 만나면서 내가 알던 사회가 〈기생충〉에서 묘사한 사회였구나 하는 생각이 들었습니다. 지상에 사는 부자들은 다 똑같이 여유롭고 살 만한 사람들인 줄 알았는데 막상 들여다본 부자들의 삶은 그리 여유 있지도, 똑같지도 않았습니다.

우선 지상에 사는 사람들이 더 계층의식이 심하다는 것을 알게 되었습니다. 지상이라고 해서 다 같은 지상족이 아니었던 것이지요. 지상 위에 더 높은 곳에 그리고 그보다 더 높은 곳에 사는 사람들이 수두룩해서 지상에 사는데 마음은 반지하에 사는 것 같은 사람들을 보았습니다. 마음의 여유로움도 그리 많아 보이지 않았습니다. 돈을 뜯으러 오는 사람들, 사기 치려는 사람들에 대한 경계심으로 마음이 불편한 사람이 많았습니다. 그래서 심지어 사람들과의 관계를 회피하고 마치 지하에 사는 사람처럼 사는 분도 적지 않았습니다. 재산으로 계층을 나누고 행복 여부를 가늠하는 것은 어쩌면 반지하에 사는 사람들이 하는 구분법이라는 생각과 마음의 행복으로 따진다면 심리적 지상인과 반지하 지하인은 외면상의 것과는 전혀 다른 양상을 보일지도 모른다는 것입니다.

다시 냄새 이야기를 해 보겠습니다. 사람은 특유의 냄새를 가지고 살아갑니다. 외국인을 만나 보면 민족마다 가진 특유의 냄새를 맡게 되는데 이런 냄새는 같은 한국인들 간에도 맡을 수 있습니다. 그래서 냄새가 계층을 구분하는 데 사용되기도 하는데 좋은 냄새는 사람들에게 호감을 주지만 역한 냄새는 불쾌감을 불러일으킵니다. 이런 피상적인 구분은 자칫 사람에 대한 편견을 가질 우려가 큽니다. 사람을 알지도 못하고 냄새나는 것들이라고 치부하고 무시하는 무식한 짓을 할 수 있다는 것입니다.

우리 교회에서는 그런 피상적인 냄새 말고 영적인 냄새에 대해 오랫동안 강조해 왔습니다. 예를 들어 기도를 많이 하는 사람들에게는 장미향이 나지만, 죄를 많이 짓고 사는 사람들에게는 아무리 향수를 뿌리고 치장해도 역한 냄새와 죄악의 냄새가 난다고 경고해 왔습니다. 심지어 평생을 선행한 사람의 시신에서는 부패한 냄새는커녕 향내가 난다고 해서 시신을 잘 모시는 신앙 풍습까지 이어져 오고 있습니다. 신앙인이 아닌 사람들이 보면 비상식적인 것이라고 혀를 찰지도 모르지만, 돈으로 자신의 냄새를 만들고 가난한 냄새를 역겨워하는 천민자본주의의 썩은 냄새를 제거하려면 내적인 향, 내적인 냄새를 강조하는 것이 진정으로 필요합니다.

냄새, 전직 대통령들이 말할 때마다 구린내가 난 것은 아마도 그들의 삶이 그러했기 때문이 아닐까 하는 생각이 듭니다. 오지에서 평생 봉사한 분들에게는 향내가 느껴지는 것은 그들의 삶이 그야말로 천사와 같은 삶이었기 때문에 그런 것이 아닐까 합니다.

11

아베족의 허세 콤플렉스

한때 '아베'라는 이름이 우리나라 전역을 들끓게 했습니다. 고인이된 아베 신조는 이제 개인이 아니라 일본 우익을 대표하는 이름 일본의우익 콤플렉스의 대명사가 되었습니다. 그래서 일명 '아베족'이라는 신조어가 생길 정도였습니다. 아베를 필두로 한 일본 우익의 심리적인 문제는 무엇일까요? 우리 국민을 분노하게 하는 혐한 발언을 서슴없이 하고 내용이 조잡하고 유치한데도 인종차별적 발언을 하는 아베족의 심리는 무엇일까요? 제일 두드러진 것은 귀족 콤플렉스입니다. 자신들이귀한 핏줄의 후손인 양 하는 것을 말하는 이것은 대개 허세 콤플렉스에서 비롯된 것입니다. 자신에 대한 과대평가가 만든 허상에 집착하는 것인데 이런 심리적인 집착이 현실을 인식하지 못하고 망상적 행동을 하게 한다는 것입니다. 그 현실적 사례가 한국에 대한 혐한 발언입니다. 과거 잘못을 인정하기는커녕 자신들이 준 돈으로 먹고살 만하게 해주었으면 감사할 일이지 왜 지금 와서 또 사과하고 돈을 더 달라는 것이냐 하면서 마치 한국인들을 버러지 떼처럼 취급하고 싶어 하는 것은 자신들이 병적인 콤플렉스에 걸렸음을 입증하는 언행입니다.

실제로 그들은 보상금이라고 푼돈을 주면서도 자기들 물건을 억지로 강매하게 했고 무상으로 준 것은 아주 작은데도 마치 한국 경제 발전에 자신들이 큰 선심을 쓴 양 하는데, 이것은 귀족 콤플렉스에서 비롯된 중세 봉건 영주가 소작인들을 부려 먹던 것과 똑같은 짓을 하는 것입니다. 이들의 귀족 콤플렉스는 여기서 끝나지 않고 후쿠시마의 오염된 해산물을 우리에게 강매하려 하고 오염수를 우리 동해에 버리려고 하는 범죄행위에 가까운 진상 짓을 하고 있습니다. 더욱이 기가 막힌 것은 후쿠시마 사고로 집을 떠난 주민들에게 아직 안전이 보장되지 않는 그 집으로 다시 돌아가라고 강요하고 있다니, 자국민조차 신분 차별을 해서 귀족 신분이 아닌 자기 백성들에게 죽을 길을 가라고 하는 아베의 얼굴을 보면 사람이 아니라 괴물처럼 보입니다.

그렇다면 아베족 같은 괴물들은 어떻게 만들어진 것일까요? 그 부모가 상것이거나 생각 없이 사는 사람 혹은 심한 차별 의식을 가진 병적인 우월감의 소유자일 때, 그 아이들은 더 심한 괴물이 된다는 것이 심리학의 결론입니다. 즉 집안 전체가 성격장애 유전자를 가졌다는 것입니다. 그런데 이런 안하무인식 아베의 혐한 행동은 오히려 우리나라의 문제점을 개혁하는 데 큰 도움이 되었다는 의견도 있습니다. 우선 일본에 기술이 종속된 것이 얼마나 큰 문제인지를 온 국민이 깨닫는 중요한 기회가 되었습니다. 그동안 돈으로 일본 기술을 사서 쉽게 제품을 만들어 팔아 온 것이 어떤 결말을 맞게 하는지를 온몸으로 깨닫는 기회를 아베가 준 것입니다. 두 번째는 수많은 강사가 이야기해도 듣는 둥 마는 둥 했던 사람들에게 산 역사교육, 산 역사의식을 심어 주는 아주 좋은 기회를 아베가 제공했다는 것입니다. 세 번째는 반민특위로도 어쩌지 못한 친일 콤플렉스가 공개적으로 드러나고 깨지는 기회를 가지게 되었다는 것입니다.

이처럼 아베가 우리나라에 미친 공로도 적지 않아서 항간에는 혹시 아베가 우리 정부가 심어놓은 첩자가 아니냐, 이중 스파이가 아니냐 하는 말까지 나올 정도입니다. 어쨌건 지금은 우리 국민을 이등 국민으로 여겨온 멍청한 일본 우익들이 그 오만함의 대가를 치르는 중입니다.

바둑의 불문율 중 하나가 하수를 우습게 보고 바둑을 두지 말라는 것인데, 아베는 그 오만방자함 때문에 판을 그르치고 있을 뿐 아니라 자멸수를 두는 중입니다. 그런데 아무리 생각해도 이해가 안 되는 것은 일본 우익이 아니라 우리나라 사람 중 일본을 두둔하는 사람들의 심리입니다. 왜 아베를 건드리냐부터 삼성이 무너지면 한국이 망한다, 심지어 일본 덕분에 우리가 먹고사는데 감사해야지 왜 예의 없이 구느냐는 등 일본 우익 언론인들의 망언을 앵무새처럼 따라하는 사람들이 있습니다. 이런 사람들의 심리는 무엇인지 참으로 궁금할 따름입니다. 일명 아베족, 이분들께는 그렇게 일본이 좋으면 거기 가서 일본 원주민들 발이나 닦아 주면서 살라고 말하고 싶습니다.

12

워마드란 무엇인가

'워마드Womad'는 본인들이 말했듯이 여성 인권 단체가 아닌 남성 혐오론자의 모임입니다. 이들은 남성에 대한 심각한 혐오감을 갖고 있어서 일반 남성을 '남충'이라고 부르고 심지어는 이순신, 안중근 같은 국가적 인물조차 혐오의 대상으로 삼습니다. 외국에서는 '신은 여성이다'라고 주장하는 사람부터 자신의 가슴에 '내가 신이다'라고 쓰고 다니는 해프닝을 벌이는 사람들도 있습니다.

이들은 여성 인권운동을 하는 페미니스트와는 다릅니다. 오히려 이들의 혐오감을 유발하는 언행은 페미니스트에게 좋지 않은 영향을 미칩니다. 진정한 여성 인권운동도 사회에서 싸잡아 비난당하는 결과를 초래하고 있습니다. 일부에서는 '일베'와 같은 부류라고 하기도 하는데,

일베와는 내용상 다른 면을 갖습니다. 일베는 자신들의 병적인 정치적 신념에 사로잡혀서 자식을 잃고 밥도 먹지 못하는 세월호 유족을 반정부 세력이라 여기고 괴롭히려는 의도로 바로 옆에서 식사를 해서 유족들 마음에 상처를 주는 병적인 행위를 한 가학성 성격장애자입니다. 그에 반해 워마드는 정치적 신념이 아니라 오로지 남성 혐오감을 드러내려는 의도만 있기에 일베와 동일시하는 것은 무리라고 봅니다.

그런데 이들이 왜 우리 교회에 대해 적대감을 드러낸 것일까요? 성체를 모독하며 심지어 성당에 방화까지 하겠다고 하고, 천주교와 전면전을 펼치겠다고 하는 이유는 무엇일까요? 첫 번째는 자신들이 생각하기에 우리 교회가 남성 위주의 종교이며 여성의 인권을 무시하는 종교라 여겼기 때문이고, 두 번째는 가톨릭교회를 건드림으로써 반사적으로 자신들의 세를 넓힐 수 있다는 전략적인 이유에서 한국 가톨릭교회에 돌을 던진 것입니다.

그러나 우리가 한번 생각해 봐야 하는 것은 '워마드가 페미니스트도 고개를 돌릴 정도로 혐오감을 불러일으키는 행동을 하는 이유가 무엇인가'입니다. 남성 혐오감이 아무 이유 없이 생길 리가 없을 것이기 때문입니다. 아마도 이들 중 상당수가 남성으로부터 여러 가지 심리적 피해를 겪거나 특히 어린 시절 남자에 대한 아주 좋지 않은 기억을 가진 사람들일 가능성이 높습니다. 즉 심리적 외상 트라우마를 가진 사람들일 가능성이 높다는 것입니다. 이런 사람들은 마음 안에 깊은 한을 품고 살아갑니다. 이렇게 깊은 한을 품은 사람들은 대화가 안 되고 설득도 어렵습니다. 이들은 논리적인 대화가 아닌 한풀이를 하고 싶어 하기 때문입니다. 따라서 이들은 법적 대응의 대상이기 이전에 마음의 깊은 한을 풀어 주어야 하는 환자로 보고 심리적인 치료를 해 줄 필요성이 있다고 생각됩니다.

워마드가 성체를 모독하는 행위를 한 것은 교우분들의 마음에 큰 상처를 주었지만, 어떤 면으로는 신자분들이 다시금 성체 신심을 다질 수 있는 기회를 주었다는 점에서 그리고 교리에 대한 중요성을 다시 생각하게 했다는 점에서 우리가 이득을 보았다고 생각합니다. 가톨릭교회는 이천 년의 역사 동안 수많은 논쟁을 통해 교리를 가지게 된 교회입니다. 즉 우리 가톨릭교회는 끊임없이 던져지는 물음에 답하고 물으면서 진화해 온 종교이기에 워마드와 같은 사람들의 도전에 그리 크게 놀랄 일은 아니라고 생각합니다. 그런데 한 가지 주의할 것은 이미 말씀드린 것처럼 워마드가 세력 확장을 위해 던진 노이즈마케팅에 걸려드는 것은 조심해야 한다고 생각합니다. 말 그대로 점잖게 대응해야 하는데 그들이 마치 엄청난 사람들인 것처럼 상대해 주는 것은 그들의 노이즈마케팅에 걸려드는 것일 뿐만 아니라 그들의 세를 불려 주는 결과를 낳습니다.

워마드가 하는 언행은 사람들에게 혐오감을 주지만 그럼에도 우리 교회는 워마드가 가진 깊은 한을 이해하기 위해 노력하고, 혹시라도 그들이 지적하는 문제점이 우리 교회 안에 있지는 않은가 자기 점검을 해야 하지 않을까 합니다.

13

덜떨어진 생각들

　사람은 생각하는 존재라고 말합니다. 사람은 늘 생각하고 선택하며 살아갑니다. 문제는 그 생각의 내용이 어떤 것인가 하는 것입니다. 생각은 크게 두 가지로 나뉩니다. 성숙한 생각과 미성숙한 생각입니다. 성숙한 생각을 지혜라고 부릅니다. 이런 생각은 복을 불러오고 사회를 번성케 합니다. 반면 미성숙한 생각은 파국적 결말을 불러오고 수많은 사람을 잘못된 길로 이끌 수 있습니다.

1. 가난 구제는 나라님도 못한다?

　오래전부터 내려오는 말인데, 이는 망언입니다. 가난에 대해 혐오 발언하는 사람들은 종종 있었습니다. '가난은 팔자다, 가난은 게으른 자들의 운명이다' 등 심지어 최근에는 가난한 자들은 자유도 모른다는 극언까지 나왔습니다.

이렇게 가난한 사람을 혐오하고 가난에 대하여 함께 고민하지 않으면 어떤 일이 벌어질까요? 오미크론이라는 새로운 바이러스가 남아공에서 시작되었다는 보도를 보면서 떠오른 장면이 있었습니다.

우리는 남아공이 유럽풍으로 도시화된 관광지라고 알고 있습니다. 아프리카에서 가장 잘 개발된 나라, 물론 도시들은 그럴지도 모릅니다. 그러나 그 외곽 지대에는 어마어마한 빈민촌이 있습니다. 다닥다닥 붙은 임시 축사 같은 집들. 공용 화장실 앞에는 기다란 줄이 있습니다. 우범지역이라 그 동네 앞에서는 차도 잘 서지 않는다는 곳. 그곳이 바로 오미크론 발생지입니다.

모든 전염병은 청결한 곳에서 생기지 않습니다. 중세 페스트를 비롯한 모든 전염병은 비위생적인 환경에서 발생했습니다. 아무 데나 배설하고 치우지 않는 환경에서 전염병이 돈 것입니다.

가난한 사람들을 돕는 것을 선행을 베푼다고 말합니다. 맞는 말입니다. 그러나 더 현실적인 이야기를 하자면, 가난한 사람들의 생활을 개선하지 않고 더럽고 게으른 사람들이라며 무시하고 방치하면 제일 먼저 생기는 것이 우파 사람들이 그토록 거부감을 갖는 공산주의자 소위 빨갱이입니다. 그리고 다음에 찾아오는 것이 전염병입니다. 전염병은 아무리 성을 쌓고 담을 높여도 막을 수가 없습니다. 그래서 가난 구제는 가진 사람들이 발 벗고 나서야 하는 중차대한 일입니다.

예수 그리스도는 '네 이웃 사람 사랑하기를 네 몸처럼 하라'고 했습니다. 이 말에 대해 일부 식자들은 빈정거립니다. 그게 가능한 일이냐고 잔머리로 비웃습니다. 예수의 그 말은 예수쟁이들이 공염불하듯이 하는 말이나 종교적 허언이 아니라 인간 생존의 길을 알려 준 것입니다.

다른 사람들이 건강하게 살아야 나의 건강함도 지킬 수 있다는 아주 현실적인 이야기를 한 것입니다.

2. 인간은 만물의 영장이다?

오래도록 자화자찬용으로 사용된 말입니다. 사전학자 에밀 리트레는 짐승은 인간 종보다 낮은 위치에 있다고 했습니다. 인간이 짐승보다 낫다는 의미입니다. 철학자 데카르트는 동물은 이성에 의거해 사고할 수 없기에 한낱 기계에 불과하다고 하였습니다. 그의 말에 의하면 이성을 가진 인간은 동물과 달리 멍청하지 않다는 것입니다. 정말 그럴까요?

우선 인간이 이성적이라는 생각부터 틀렸습니다. 인간은 이성적이 아니라 감정적이고 충동적입니다. 집단 선동에 잘 넘어가고 광고에 잘 빠져들고 말도 안 되는 짓을 하는 것이 인간입니다. 또한 인간은 여러 가지 명분으로, 때로는 정의라는 명분으로 때로는 종교라는 명분으로 학살을 주도하는 자들에게 현혹됩니다. 히틀러 같은 사악한 존재들이 기승을 부릴 수 있었던 것은 인간이 이성적이 아니라 단세포적이고 충동적인 성향이 더 강한 탓입니다. 우리나라도 가짜 뉴스에 현혹되어서 우왕좌왕하는 모습을 보면 인간이 이성적인 존재가 아니구나 하는 생각을 하지 않을 수가 없습니다.

심리학자 자크 보클레르는 인간의 역사는 멍청이들의 역사라고까지 혹평했습니다. 인간이 만물의 영장이라고 생각하는 자들이 하는 가장 멍청한 생각은 지구가 인간의 것이라는 착각입니다. 지구가 자기 것이라고 여기는 생각은 지구는 생각 없는 무생명체라는 생각이 깔려 있습니다. 그러나 현실은 그렇지 않습니다. 지구는 생명체고 인간은 거기에 기생하는 존재입니다. 이미 프란치스코 교황님을 비롯한 여러 사람이 지적한 바 있지만, 코로나바이러스는 백신으로 물리쳐야 하는 인류의 적이 아니라 지구가 인간에게 주는 경고의 메시지입니다. 내 몸 위에서 살면서 예의를 지키라는 경고입니다.

종말론자들은 사람들이 하느님을 믿지 않으면 노아의 홍수 같은 심판 — 물이 아닌 불의 심판 —을 받을 것이라 종교적 겁박을 합니다. 그런 말을 하는 자들은 대부분 광신도이지만, 종교적 망언으로 치부할 일은 아닙니다. 바로 코로나바이러스가 그런 심판의 일부를 보여 주기 때문입니다. 좋은 백신이 나오면 코로나바이러스는 종식된다? 천만의 말씀입니다. 인간이 지구에 대한 예의를 지키지 않는 한, 지구에서 핵실험을 멈추고 전쟁을 멈추고 오염질을 멈추지 않는 한 더 지독한 전염병이 다시 발생할 것입니다. 인간도 해충은 박멸하려 들지 않나요?

3부

불량 식품
같은 종교

1

썩은 내 나는 불량 종교인

코로나 사태가 길어지면서 사회적 불안감이 커지고 있습니다. 이 사태가 언제까지 갈 것인지, 앞으로 어떤 일이 생길 것인지 알 수 없어 모두 불안감에 시달립니다. 이렇게 불안감이 커지면 사람들은 의지할 무엇인가를 찾게 됩니다. 그것이 종교입니다. 개인의 힘으로 어쩔 수 없는 일들을 신의 힘으로 해결하고픈 욕구가 종교를 찾게 하는 것입니다. 그런데 시중의 상품이 좋은 것과 불량품이 있는 것처럼 종교인 중에서도 불량 종교인들이 있어서 사람들을 돕기는커녕 금품을 갈취하거나 정신적 학대를 하는 경우가 종종 있습니다. 오늘은 불량 종교인들에 대하여 말하고자 합니다.

불량 종교인은 대부분이 지극히 자기중심적인 성격 장애자입니다.

다른 사람들이 겪는 고통에 둔감하거나 아예 모릅니다. 따라서 자기로 인하여 다른 사람들이 힘들어하거나 괴로워해도 죄책감에 시달리지 않습니다. 다시 말해 그들은 타인에게 일절 관심이 없고 오로지 자신만이 중요하다고 생각합니다. 이들은 끊임없이 피해자를 만들고, 피해자들이 쓸데없는 죄책감에 시달리며 자신에게 의존하게 하여 심리적 노예로 만듭니다.

예를 들어 주님을 죽음으로 몰아간 것을 신자들의 죄 때문이라고 강조하고 그런 죄를 가벼이 하려면 자신에게 무언가를 보상해 주어야 한다는 논리로 신자들을 착취합니다. 오래전 피지 섬의 여성 종교인이 만든 교회가 대표적인 예입니다. 그런데 의존적인 신자들은 폭력을 가하는 종교인에게 더 의존하고 망상적 신앙관에 집착하는 분열증적 증세를 보입니다. 그래서 악순환이 끊이지 않습니다.

불량 종교인들은 불안 선동의 달인입니다. 구원 불안증을 퍼뜨리는 원인자입니다. 종말론에서는 구원받을 십사만사천 명에 대한 이야기가 나옵니다. 이것은 수많은 사람이 구원받는다는 상징적 숫자인데 마치 자신이 십사만사천 명을 고를 선택권을 가진 자인 양 행세하면서 사람들이 자신에게 충성하게 합니다. 의존적이고 신경증적인 사람들은 지속적으로 이런 교육을 받으면 종교인의 비위를 맞추기 위한 노예적 신앙인으로 전락합니다. 이 정도가 되면 종교인의 잘못이 들통나도 떠나지를 못합니다. 오히려 자신들의 믿음이 약함을 탓하며 사이비 종교인에 대한 신뢰를 더 키우려 합니다.

참고로 구원의 조건에 대해 말하자면 생전에 얼마나 많은 사람을 행복하게 해 주었는가, 얼마나 많은 사람이 그를 그리워하는가로 정해진다고 합니다. 구원의 유일한 조건은 특정한 종교인이 아니라 사랑이라는 것입니다. 어느 교회에 가야 구원받습니다, 어떤 종교인에게 속해야 구원받습니다 하는 식의 주장은 종교 사기꾼들이 꾸민 거짓말입니다. 이런 말을 하는 자들은 대개 정규교육을 받지 못하고 단기 연수로 종교인 직분을 얻거나 사들인 사람들인데, 피라미드 판매처럼 사람들을 유혹합니다.

불량 종교인들은 선민의식을 키우는 데 전력을 다합니다. 예컨대 자신의 종교에만 구원이 있고 다른 종교들은 이단이라고 가르칩니다. 선민의식은 민족적 열등감이 강했던 이스라엘이 자구책으로 만든 것인데 지금은 현대 종교인들이 독점적 욕구를 채우기 위한 수단으로 악용하고 있습니다.

이렇게 자기만이 정통이라고 주장하는 종교인들은 대체로 편협한 신학 사상과 기형적인 성격의 소유자입니다. 우물 안 개구리 같은 사람들입니다. 어둠 속에서 사는 생물 중 기형이 많듯이 심리적으로 어둠 속에 사는 사람들도 심리적 기형인 경우가 많습니다. 이들은 신학적 근거 없이 자신의 비위에 맞지 않는 대상에게 혐오감을 가지며 이단으로 몰거나 마녀사냥을 서슴지 않습니다. 불상을 훼손한 것에 대해 불가에 사과한 손원영 목사를 이단으로 몰아세우고 가톨릭의 성모 신심을 우상 숭배라고 단정적으로 단죄하는 사람들이 바로 그런 유형에 속합니다.

다른 종교에 폭력적인 종교인은 자신의 종교 또한 폭력적인 방법으로 운영합니다. 또한 이들은 자신을 과대평가합니다. 자신을 스스로 칭할 때 '님' 자를 붙이는 것은 애교 수준이고, 나름의 신념이나 논리도 없이 선동적인 발언을 일삼으면서 애국지사인 양하거나 자신이 대표자인 양하고, 간이 부어 하느님까지 사칭하는 자들도 적지 않습니다.

이렇게 허세를 부리는 것은 열등감 때문입니다. 불량 종교인 대부분이 돈에 대한 집착이 강합니다. 그래서 말끝마다 헌금이나 십일조를 강조하고 헌금 액수가 구원과 직결되는 것처럼 강조합니다. 중세 가톨릭 교회가 헌금함에 동전 떨어지는 소리가 죽은 영혼이 구원받는 소리라고 한 것을 그대로 모방하는 경우가 허다합니다. 이들은 종교 단체를 자신의 사익을 추구하는 곳으로 악용합니다.

썩은 생선을 아무리 잘 포장해도 악취가 나듯 불량 종교인 또한 그렇습니다. 포장에 속지 말고 냄새로 식별해야 합니다.

2

사이비 종교 식별법

칼 마르크스는 종교는 인민의 아편이라고 했습니다. 이는 종교의 어두운 면만 본 것인데, 지금이라면 바이러스라고 했을 것입니다. 종교는 백혈구 같은 종교와 바이러스 같은 종교, 두 가지입니다. 건강한 종교는 사람들을 각성하게 하고 일상을 잘 살아가도록 도와줍니다. 바이러스 같은 종교, 소위 사이비 종교는 사람을 정서적으로 불안하게 하고 망상에 쫓기게 해서 이익을 얻습니다. 그래서 종교 사기꾼이라고 부릅니다. 사회가 불안해지면 사이비 종교는 더 극성맞게 활동해서 심약한 사람들을 정서적으로 감염시켜 일상을 살지 못하게 합니다. 코로나바이러스보다 더 무서운 것이 종교 바이러스입니다. 코로나는 약으로 치료가 가능하지만 종교 바이러스는 지독하고 끈질기게 살아남습니다.

사이비 종교들은 몇 가지 공통점이 있습니다. 첫째, 교주의 자아 팽창 현상. 즉 간이 붓습니다. 자신을 지칭하는 이름이 달라집니다. 하느님의 종에서 하느님의 대리인, 나중에는 스스로를 하느님이라 칭합니다. 겸손은 참 신앙인의 자세를 말하는데, 그 어원이 땅humus입니다. 하늘이신 신에 비해 자신은 땅임을 고백하는 것이 겸손입니다. 따라서 자신을 하늘이라 하는 자들은 입으로는 하느님을 말해도 마음은 교만 덩어리, 하느님과 대적하려는 자들입니다.

둘째, 신격화 현상. 의상이나 백마 같은 소품들로 자신을 신격화합니다. 또한 이들은 작은 이적이라도 생기면 두고두고 자기 홍보에 사용합니다. 자신이 능력자고 영적 존재임을 과시하고 싶은 것입니다. 심지어 목격자 없는 개인 체험을 마치 공적인 것인 양 속이기도 합니다. 참 수도자들은 의복이 검소하고, 자신을 드러내지 않으며 개인적 체험에 대해서도 침묵을 지킵니다. 기적을 일으켜도 하느님이 하신 일이지 자기 능력이 아니라고 손사래를 칩니다. 심지어 교만한 마음이 들까 봐 자기 능력을 다시 가져가시라고 기도합니다. 이와 반대로 경망스러운 자세를 가진 자를 가톨릭교회에서는 이단이라고 불렀습니다.

셋째, 성경을 자의적으로 해석합니다. 자기 멋대로 갖다 붙이고, 근거 없는 논리를 입증하려 합니다. 성경은 수천 년을 거쳐 이루어졌고 수십 가지 언어와 역사적 배경을 알아야 겨우 해석이 될까 말까 한데 달랑 한글판, 그것도 신학이나 성서학에 일자무식인 자들이 자기 입맛대로 뜯어 붙이고 자화자찬합니다.

넷째, 공포 신앙을 조장합니다. 요한 계시록을 마음대로 해석해서 사람들에게 공포를 주는 교리를 만들어냅니다. 사람들을 종교적 노예로 만드는 가장 쉬운 방법이 공포심을 심는 것이기 때문입니다. 그래서 조작한 것이 종말론입니다. 십사만사천 명. 이 숫자는 어느 한 명이 아니라 거의 모든 사이비 교주들이 주장하는 숫자입니다. '십사만사천'이란 숫자는 열두 지파를 상징하는 숫자 12의 열두 배의 천 배인 숫자입니다. 즉 수없이 많은 사람을 구원하고 싶으신 신의 의지가 반영된 숫자인데, 자신이 구원받을 십사만사천 명을 엄선하는 권한을 받은 사람이라 자칭하는 것은 천벌을 받을 사기 행각입니다. 또한 숫자로 구원받을 자를 언급하는 것은 유물론적 사고방식이지, 영적인 것은 아니기에 이런 주장을 하는 자들은 조심해야 합니다. 혹자는 만약 십사만사천 명이 사실이라면 어떻게 하냐고 묻기도 합니다. 만약 사실이라면 하느님은 아주 변태적인 신이 됩니다. 온 세상 사람을 구원하시려고 아들의 목숨까지 내어놓았다는 하느님이 수많은 사람 중 달랑 십사만사천 명만 데리고 살겠다고 한다면 더 이상 사랑의 아버지라고 불릴 자격이 없는 것입니다. 복권 당첨자처럼 구원받을 자의 숫자를 주장하는 자들은 사람을 괴롭히면 쾌감을 얻는 변태 성욕자이기에 조심해야 합니다.

사이비 교주들은 이구동성으로 자기를 따르지 않으면 지옥의 나락으로 떨어진다고 주장하는데, 이것을 영적 협박이라고 합니다. 이런 자들은 사기죄로 구속되어야 합니다. 경제 사기꾼들은 돈만 뜯어가지만, 종교 사기꾼들은 회복하기 어려울 정도로 사람의 마음을 망가뜨립니다. 신앙을 포기해서 영생을 얻지 못할 바에는 목숨을 버리겠다고 극단적 선택을 하는 사람이 나올 정도로 종교 바이러스는 위험합니다. 간혹 정신 나간 정치인들이 사이비도 종교라며 종교탄압 운운하면서 자신이 대단한 인권운동가인 양하는데, 몰라도 너무 몰라서 나온 발상입니다. 처음에도 말했지만 종교라고 해서 다 건강한 종교가 아닙니다. 바이러스 같은 종교는 코로나처럼 퇴치해서 국민 건강을 지킬 일이지, 보호해줄 대상이 아닙니다. 다시 말하지만 코로나는 몸의 병이고 치료하면 완치됩니다. 그러나 종교 바이러스는 완치 없이 마음에 큰 상처를 남기고 가족들에게도 큰 트라우마를 남기기에 퇴치될 때까지 긴장의 끈을 놓아서는 안 됩니다.

3

사목자인가 사육자인가

사회에서는 가정의 중요성을 강조하면서 가정이야말로 가장 바람직한 공동체인 듯이 말합니다. 그러나 수많은 상담 사례를 보면 모든 문제의 근원이 가정임을 알게 됩니다. 부모와 자식 간의 관계가 문제의 핵심이라는 것입니다. 부모가 아이들을 건강하게 키우는 것을 양육이라 합니다. 그러나 부모가 자식을 자기 욕구를 채우기 위한 수단으로 여기고 키울 때 이를 사육이라 하며, 부모가 양육자가 아니고 사육자일 때 많은 문제와 문제아가 생긴다고 합니다. 그런데 이런 현상은 비단 가정만이 아니라 종교 안에서도 발생합니다. 종교를 믿는 사람들을 이끄는 일을 사목이라고 합니다. 목자가 양을 치듯이 돌본다는 의미입니다. 그래서 사목을 하는 사람들을 양치기라는 의미의 사목자 혹은 목회자라고 부릅니다. 그런데 사목자들 중 간혹 신자를 사목이 아닌 사육하는 사람들이 있어서 사회적 물의를 일으킵니다. 사목자가 아닌 사육자들이 갖는 공통점 몇 가지를 열거하고자 합니다. 첫 번째 특징은 공포 신앙입니다. 사목자가 원하는 대로 하지 않으면 신으로부터 벌을 받을 것이라는 설교 내용들. 심약한 사람들은 신의 대리인을 자처하는 사목자로부터 들은 말이 바로 신이 자신에게 주신 말씀이라고 여겨서 그때부터 공포심을 가지고 살게 됩니다.

사목자로부터 부당한 일을 당해도 항의하지 못하는 것은 마음 안에서 들리는 공포스러운 소리 때문입니다. 공포심은 이성을 마비시키고 자신의 삶을 광신도의 삶으로 변질시키는 아주 무서운 감정입니다. 이들은 신앙이나 교리에 대한 의문조차 갖지 않으며 신보다 사목자를 더 숭배하는 경향을 보입니다. 그래서 간혹 교활한 종교인들은 이런 심리를 이용해서 사적 이익을 취하려고 합니다. 공포 정치는 국민들로 하여금 반항심을 갖게 하거나 항거하게 하는데 종교가 만드는 공포 신앙은 그런 최소한의 저항 의지마저도 없애 버립니다. 종교가 사람을 자유인으로 만들어 주는 것이 아니라 종교적 노예로 만드는 것입니다. 이들은 가정을 포기하고 자신이 몸담은 종교 집단에 모든 것을 다 갖다 바치기도 해서 가정 파탄을 불러오기도 하는데 그 원인자는 바로 사육자들인 것입니다.

두 번째 특징은 애매모호한 종교적 언어의 남발입니다. 사육자들은 정확한 언어를 사용하지 않고 늘 추상적이고 애매한 언어를 사용합니다. 하느님의 뜻, 굳센 믿음 등의 종교 언어들. 하느님의 뜻이 무엇인지 믿음이란 어떤 것인지 상세한 설명 없이 던져지는 이런 말은 심약한 신자들 마음의 아킬레스건을 자극합니다. 이 아킬레스건을 종교적 내사라고 합니다. 내사introjection란 외부에서 주입된 생각임에도 불구하고 사람의 마음 안에서 사람을 조종하는 폭력적인 생각을 말합니다. 내 마음 안의 폭군이라고 불리는 내사는 심약한 사람들을 괴롭히는 원인인데 이것이 종교의 외피를 뒤집어쓰면 종교적 내사가 됩니다. 이것은 하느님의 이름으로 잔인하고 영악하게 사람들을 괴롭힙니다. 즉 신자가 사목자의 마음에 들지 않을 때 왜 하느님의 뜻을 따르지 않느냐고 비난하는데 이런 말을 듣는 신자들은 밑도 끝도 없이 하느님의 뜻을 따르지 못하고 하느님의 마음에 들지 못하는 자신을 책망하는 삶을 삽니다. 소위 병적인 죄의식에 중독되는 것입니다. 이들은 종교적 신경증에 시달립니다. 다른 사람들은 다 천당에 가도 자기는 절대로 가지 못할 것이란 구원 불안증, 조금의 죄라도 지으면 안 된다는 완전 강박증 등 종교적 신경증에 시달리면서 살아갑니다. 그래서 이들은 신에게 가까이 가고 자유로이 대화하는 기도를 하지 못하고 하느님의 뜻 운운하면서 하느님과 사목자의 비위를 맞추고 눈치 보는 노예적 신앙인으로 전락합니다.

이렇게 정신적으로 건강하지 못하다 보니 이들의 영성 생활은 소위 가짜 영성으로 변질됩니다. 진정한 겸손이 아닌 남의 눈치 보는 가짜 겸손. 진정한 가난이 아닌 심리적 궁핍에 찌든 가짜 가난 등 다른 사람에게 보여 주기 위한 영적 연출을 하며 전전긍긍하는 비굴한 삶을 삽니다.

세 번째 특징은 돈과 신앙심을 연관시키는 것입니다. 헌금을 낸 액수가 믿음의 정도를 반영한다는 논리. 헌금이나 십일조를 제대로 내지 않으면 좋지 않은 일이 생길 것이라는 폭언은 사목자의 핵심 욕구가 돈이란 것을 보여주는 것입니다. 그런데 이런 일이 집단 안에서 발생하고 많이 낸 사람들이 선민의식을 가지면 궁핍한 사람들은 이의제기는커녕 자신의 부족함을 한탄하고 어떻게 해서라도 헌금을 만들려는 고단한 신앙생활을 하게 됩니다. 집단 안의 병적인 정서가 사람들의 이성을 마비케 하는 것입니다. 부모가 자식들에게 본인에게 주는 돈의 액수에 따라서 효성의 정도를 가늠하겠다고 하면 그 부모는 양육자가 아니라 사육자가 되듯이, 종교인이 신앙을 돈으로 판단하겠다고 하면 그는 사목자가 아닌 사육자가 되는 것입니다. 그리스도교는 공산주의자들이 교회를 박해한 것에 깊은 한을 가지고 있습니다. 교회가 반공 콤플렉스를 가진 이유입니다. 그러나 한 가지 더 생각할 것은 교회가 공산주의자들에게 빌미를 주지는 않았는가 하는 것입니다. 교회가 진정한 사목자들

로 이루어지지 않고 사육자들이 판을 칠 때 공산주의자들에게 빌미를

주는 것이라 생각합니다.

4

우리 안의 탈레반들

'모든 이슬람 신도들이 탈레반은 아니다. 그러나 탈레반은 이슬람 신도들이다.' 어느 마을에 붙은 현수막의 내용입니다. 아프간 난민들이 우리나라에 들어오면서 이슬람 신도에 대한 혐오감이 생기고 있습니다. 문제는 이런 혐오감이 혐오감을 가지는 사람 자체를 괴물로 만들 가능성이 크다는 것입니다.

코로나 이후 해외에서 동양인 혐오자들이 폭력을 행사하는 것을 보면서 '어떻게 사람이 저럴 수 있을까' 혀를 차던 사람들이 같은 행동을 할지도 모릅니다. 또한 일반 이슬람 신도들을 싸잡아 잠재적 테러리스트로 보는 무지를 범할 수도 있습니다.

내 기억 속 일반 이슬람 사람들은 여행 온 외국인에게도 친절을 베

풀고 웃어 주던 사람들입니다. 그들을 보면 양이 연상됩니다. 그러나 탈레반은 양이 아니라 양의 탈을 쓴 이리 떼입니다. 그래서 탈레반에게 쫓기는 아프간인의 모습을 보며 이리 떼에 쫓기는 양 떼가 연상되었습니다.

그렇다면 이슬람이란 외피를 뒤집어쓰고 반인륜적 범죄행위를 저지르는 탈레반이란 자들의 실체는 무엇일까요? 종교 측면이 아니라 심리분석적인 측면에서 살펴보고자 합니다. 우선 말하고 싶은 것은 탈레반 같은 자들이 최근 이슬람교 안에서만 생긴 것은 아니란 사실입니다. 배타적이고 적대적이고 호전적인 자들은 그 이전에도 많았습니다. 가톨릭교회 안에서 마녀사냥을 했던 자들, 유대교의 바리사이들, 개신교의 극단적 원리주의자들, 극우파, 극좌파도 탈레반과 실체가 유사합니다.

탈레반이 지나치게 율법에 집착을 보이는 모습은 그들이 집단적 강박성 성격장애자들임을 말해 줍니다. 정신의학에서는 강박성 성격장애자를 이렇게 설명합니다. 질서나 규칙에 대한 지나친 집착, 자신의 방식이 유일하고 다른 사람들의 것은 신의 뜻을 거스른다고 생각하는 자만심, 자신의 신념을 다른 사람들에게 강요하는 폭력성. 그래서 아프간 여인들에게 말도 안 되는 폭력적인 윤리를 강요하고 샤리아법이라는 미명하에 사람들을 채찍질하는 것입니다.

더 큰 문제는 열등의식, 즉 우물 안 개구리 같은 의식구조입니다. 탈레반 자체가 이슬람 신학생들로 시작했기에 출발부터 미숙하고 열등할 수밖에 없습니다. 이들이 가진 문제가 열등감이란 것을 확신하는 이유는 그들의 행위가 미성숙하고 충동적이고 극단적이며 공격적이기 때문입니다.

열등감이 종교 안에서 어떤 부작용을 만드는지 심리학자 아들러는 자세하게 분석했습니다. 그는 열등감이 강한 사람들이 종교 안에서 야심을 갖는 경우 생기는 가장 큰 부작용으로 우위 욕구를 지적합니다. 우위 욕구는 도덕적으로 모든 사람 위에 서려는 욕구입니다. 이런 도덕적 우위 욕구는 당연히 자기도취를 유발하며 다른 사람들을 도덕적으로 단죄하고픈 욕구를 불러일으킵니다.

또한 열등감은 자아 팽창을 초래합니다. 자신들이 신의 대리인이며 미개하고 야만적이고 세속적인 사람들을 훈육할 의무와 권리를 가진 사람들이라는 병적인 자의식을 가지고 있는 것입니다. 이들은 한결같이 정의와 도덕을 부르짖습니다. 자신들은 무슨 짓을 해도 오류와 잘못이 없는 특권을 가진 사람들이라 여깁니다.

이들의 도덕적 야망은 시간이 가면서 더 커져 세상을 자신들의 왕국으로 만들고 싶어 합니다. 소위 이슬람 왕국입니다. 이들의 왕국에서는 자신들의 생각과 다른 사람들을 이단시하고 적대시합니다. 대화·소통·존중은 배척합니다. 이렇게 집단화된 종교병 환자들이 탈레반입니다.

이들의 행위는 흡사 망상적 신앙에 집착하였던 사이비 광신도들을 떠오르게 합니다. 이들이 이런 심리를 가지게 된 근본적인 배경으로 성장 과정이 학대적 환경이었을 것이라고 추정됩니다. 학대받으며 성장한 아이들이 학대적인 종교를 만든 것입니다.

역사가 시작된 이래 광신도 집단들은 광적인 신앙으로 온갖 만행을 저질러서 사람들을 경악하게 하였습니다. 그나마 다행인 것은 이런 집단의 수명은 그리 길지 않다는 것입니다. 탈레반의 수명도 그리 길지 않으리라 생각합니다. 탈레반이 우리에게 주는 교훈이 있습니다. 천국을 만들려는 자들이 결국에는 세상을 지옥으로 만든다는 오래된 이야기가 맞는다는 것입니다. 탈레반은 비단 아프간에만 있는 것은 아닙니다. 타인에 대해 공공연한 적개심을 표출하고, 대화 없는 공격성과 배타적 집단주의 안에서 살고 있다면 그가 바로 탈레반입니다.

아프간 난민들이 우리나라에 들어온 것을 우려하는 목소리가 들립니다. 그러나 정작 우리가 걱정해야 할 것은 그들이 아니라 우리 안의 탈레반들입니다.

5

어둠을 좋아하는 자들이
스스로 선택하는 곳, 지옥

요즘 드라마 〈지옥〉 이야기가 자주 회자됩니다. 〈지옥〉을 본 사람들 사이에서 갑론을박이 일고 있습니다. 나도 그 드라마를 몰아 보면서 두 가지 상반된 생각을 떠올렸습니다. '저게 말이 되나, 유아적 망상이야' 생각하면서도 동시에 '말이 되는구나' 했습니다. 사이비 종교, 전두환 시절의 공포정치, 보안사와 제주 4·3 사건 등이 연상되었기 때문입니다.

드라마 속 지옥은 권선징악을 상징하는데, 죄를 지은 사람들이 가는 곳이란 개념은 종교 안에서도 비슷합니다. 지옥론이 종교계에서 거론된 것이 언제부터인지는 확실치 않습니다. 죄에 대한 경각심을 가지게 하려고 만들어진 것이 아닌가 추정할 뿐입니다. 당시에는 신자들이 문맹이기에 일명 지옥도라는 그림으로 가르침을 준 듯합니다. 지옥도는 가톨릭교회뿐 아니라 불교계에도 있는데, 불교계의 지옥이 더 다채롭게 표현되었습니다.

드라마를 본 많은 이들은 지옥이 실제로 존재하는지, 존재한다면 어떤 곳인지를 궁금해합니다. 오래전부터 무신론자들은 지옥의 존재를 부인해 왔습니다. '지옥'과 '사랑이신 신'의 존재가 모순된다는 것입니다. 사랑이라는 신이 자기 창조물을 지옥 불구덩이에 집어 던진다면 말이 안 된다는 주장입니다.

또한 인생의 불공평성을 놓고 볼 때 지옥의 존재는 잔인하다고 주장하는 이들도 있습니다. 이 세상은 태어날 때도, 살아가는 과정도, 죽을 때도 불공평한데 이렇게 불공평한 세상에서 살다가 죽는 사람들을 단순한 잣대로 판단하여 지옥행을 결정한다면 그 자체가 잔인한 행위라는 것이다. 일리 있는 말입니다. 그런데 이런 주장은 대개 심리적으로 병적인 종교인이 만든 지옥론에 대한 반박입니다. 신학자들에 의하면 지옥은 신이 인간을 버리는 곳이 아니라 신을 버린 인간들이 가는 곳입니다. 어둠을 좋아하는 자들이 스스로 선택하는 곳이라는 말입니다. 오히려 신은 자기를 버리고 떠난 사람들 때문에 마음 아파합니다. 그래서 성인들은 천당에 있지 않고 지옥에서 기도한다는 이야기도 있습니다.

그렇다면 신이 지옥을 만들었다고 하는 사람들은 어떤 사람들일까요? 성장 과정에서 부모에게 학대받은 사람들이라고 합니다. 지옥 같은 가정 안에서 살던 기억이 종교까지 연장돼 무서운 이야기를 만들어 내는 것입니다.

인간이 신의 뜻을 거역하면 지옥으로 간다는 주장은 여러모로 문제가 많은데, 가장 심각한 것은 공포 신앙입니다. 인간을 병들게 하는 것 중에 으뜸은 공포심입니다. 군부 독재 통치를 겪어본 사람들은 공포정치가 어떤 것인지 온몸으로 압니다. 위축된 자아, 정신적 질환, 일상생활을 하기 어려울 정도의 불안감 속에서 인간성을 잃어 갑니다.

더 심각한 문제는 공포 신앙을 가진 사람들은 스스로 노예 신분을 자처한다는 것입니다. 즉 가학-피학적인 관계가 형성된다는 것이 가장 큰 문제입니다. 중세 가톨릭은 지옥론으로 신자들을 통제하려 했고 이런 방법이 지금은 개신교 안에서 재현되기도 합니다. 길거리에서 '예수 천당, 불신 지옥'을 외치는 사람들을 보면 중세에 머무는 그들에게 안쓰러운 마음이 듭니다.

지옥론은 신자들을 노예화하지만 반대로 교주는 신격화합니다. 자신이 사람들을 지옥으로 보내는 판단자인 듯이 선민의식을 가집니다. '십사만사천 명'처럼 숫자로 사람들을 우롱하기도 합니다. 자신에게 천국행 선발권이 있는 척하면서 사람들을 착취하는 것입니다. 신도들은 교주의 마음에 들기 위해 모든 것을 다 바치고도 오히려 고마워하는 병적인 상태로 전락합니다. 그러다 보니 드라마 속 '화살촉' 같은 자들이 설칩니다. 근거 없는 도덕적 잣대를 휘두르면서 열등감과 권력욕을 채우려는 인간들이 생기는 것입니다. 이들은 사람들에게 낙인을 찍습니다. 이단이니 악마니 하며 마녀사냥을 합니다. 동독의 비밀경찰인 슈타지가 종교 안에서도 나타나는 것입니다.

나는 개인적으로 지옥에 대해 부정적인 견해를 가지고 있습니다. 그러나 최근 미얀마를 비롯한 여러 곳에서 선량한 사람들을 학살하는 자들을 보면서 지옥의 필요성을 절감합니다. 만약 그런 자들을 보내는 지옥이 없다면 아무 죄 없이 죽임을 당한 사람들은 영원히 구천을 떠돌아야 할 것입니다. 미얀마에서 자국민을 학살하는 자들에게 지옥문이 열려서 드라마에 나오는 사자들이 데려가길 학수고대합니다.

지금 사는 것이 지옥 같은 사람들에게 지옥은 저세상이 아니라 현실입니다. 이런 지옥살이를 면하게 해 줄 사람이 절실히 필요한 시점입니다.

6

참도인과 가짜 도인 분별법

요즘 우리나라에 갑자기 도인 열풍이 불었습니다. 도인, 법사 등 만화책에서나 볼 법한 인물들이 느닷없이 정치판에 얼굴을 들이밀고 있습니다. 긴 수염을 기르고 산속에서 구름을 타고 다닐 줄 알았던 사람들이 권력층 근처에 어슬렁거리는 것을 보면서 세간의 여론이 분분합니다. 그래서 가톨릭 사제 입장에서 도인론에 대해 이야기해 볼까 합니다.

가톨릭 신부가 어떻게 도인을 아느냐고 반문할지도 모르겠습니다. 그러나 가톨릭교회에는 아주 오래전부터 도인처럼 사는 분들이 많았습니다. 세상을 멀리하고 사막 같은 열악한 환경 속에서 악한 영들과 평생 사투를 벌인 분들의 이야기는 가톨릭교회 역사에 오래전부터 기록되어 왔습니다. 이분들의 여러 가지 특질을 통해 참도인과 가짜 도인을 식별해 보겠습니다.

참도인과 가짜 도인의 가장 큰 차이점은 지향하는 욕구가 다르다는 것입니다. 심리학자 에이브러햄 매슬로는 사람의 욕구에 위계가 있다고 하였습니다. 간단하게 상위 욕구와 하위 욕구로 구분하는데, 하위 욕구란 소유욕을 근간으로 하는 물질에 대한 욕구를 말합니다. 좋은 집, 좋은 차, 좋은 옷 등에 대한 욕구와 권력에 대한 욕구, 자기를 드러내고 싶은 욕구는 하위 욕구입니다. 상위 욕구는 물질적인 차원을 넘어선 존재론적인 욕구로, 삶의 의미, 인간 사회의 존재성에 대해 탐구하려는 욕구입니다.

상위 욕구 단계에 있는 사람들은 속세에 무심합니다. 가지지 않으려고 애쓰는 무소유가 아니라 아예 관심이 없는 상태로 삽니다. 수도자의 삶을 사는 데 방해가 되는 것들, 신경 쓰이게 하는 것들을 다 치워 버리거나 다른 사람들에게 나누어 주고 단출하게 삽니다. 마음을 집중하는 데 방해가 되는 것들은 다 유혹이라 생각해서 아예 근처에도 못 오게 하려고 사람들이 오기 어려운 사막에서 수행한 수도자들이 부지기수이고, 심지어 사막의 바위기둥 위에서 수행한 사람들도 적지 않습니다. 그들은 하나같이 세상 것들에서는 비린내가 난다고 말합니다.

반면 가짜 도인들은 하위 욕구를 추구합니다. 소유물에 대한 집착과 신분 상승 욕구가 강해서 하이에나처럼 권력층 근처에서 어슬렁거립니다. 빈약한 정신세계를 은폐하기 위해 요란하게 차려입고 사람들을 현혹하는 자들도 많습니다. 속 빈 강정이고 가짜 도인들입니다.

정서적으로도 문제가 많습니다. 이들은 가난의 영성이 무엇인지 모릅니다. 그래서 남루한 차림으로 가난을 연출하여 사람들의 눈을 속이고 주목받고 싶어 하기도 합니다. 가짜 도인은 인정받고 싶은 욕구 때문에 영적 연출을 하는 경우가 허다합니다. 별것 아닌 작은 이적을 자신의 큰 영험한 능력인 것처럼 사기 치는 것이 대표적인 경우입니다. 이런 여러 가지 속임수로 자신을 이상화하고 심지어 신격화하기도 합니다.

참도인과 가짜 간의 또 하나의 차이점은 겸손입니다. 겸손의 어원은 라틴어로 'humus', 즉 땅입니다. 사람들이 밟고 다녀도 그냥 받아들이는 것이 땅인데 참도인은 땅과 같습니다. 그래서 세간의 입방아에도 흔들림이 없을 뿐만 아니라 아예 관심이 없습니다. 이들은 익은 벼처럼 고개숙이고, 공부하고, 성찰하면서 자신이 덜된 자, 무지한 자임을 부끄러워하며 삽니다.

이에 반해 가짜 도인은 요란한 빈 수레 같습니다. 이들은 자기 무지를 인정하지 않습니다. 자신이 무엇을 보았노라 주장하고 모든 것을 다 아는 양 잘난 체하며 심지어 스스로 영험하다 자랑합니다. 참고로 이들이 본 것들은 대부분 신경증적 망상인 경우가 대부분입니다. 허상을 좇다가 망상으로 변질한 것입니다. 그런데 그런 망상이 마치 예언이나 점

괴인 양 이야기하며 사람들을 현혹합니다.

자기 내면을 탐색하지 않으면 내면이 썩어 들어 갑니다. 가짜 도인은 마치 포장을 잘하였지만 속은 썩은 생선 같아서 언행에서 썩은 내가 진동합니다. 참도인은 내면이 생명수입니다. 그들이 하는 말은 사람들에게 생명을 줍니다. 가짜 도인은 내면이 썩은 물입니다. 그들이 하는 말은 사람들을 병들게 합니다. 가짜 도인은 심리적으로 빈곤한 사람들, 심각한 결핍 욕구에 시달리는 사람들이 대부분입니다. 그들에게 도인이란 자리는 도를 닦는 자리가 아니라 생존수단이기에 속임수를 쓸 수밖에 없는 것입니다.

마지막으로 한마디 하자면, 참도인은 부끄러움을 아는 사람들입니다. 가짜 도인은 부끄러움을 모릅니다. 참도인은 다른 사람들을 부끄럽게 하는 사람들입니다. 가짜 도인들은 다른 사람들에게 혐오감을 불러일으키는 사람들입니다. 참도인은 자신이 속물이라고 합니다. 가짜 도인은 자신이 천상계 사람이라고 합니다.

가짜 도인이 설치는 것은 사람들이 허상을 좇는 삶을 살고 있기 때문입니다. 우리의 의식이 깨어나지 않으면 가짜 도인이 세상을 주물럭거리는 시대가 될 것입니다.

7

현대판 마귀는
돈·여자·명예로 유혹

가톨릭교회의 흑역사를 꼽으라면 단연 중세의 마녀사냥입니다. 광적인 신앙심으로 무장한 자들에 의해 벌어진 마녀사냥. 그 사건으로 인해 가톨릭교회는 지금까지도 반 가톨릭적인 사람들의 조롱거리가 되고 있습니다.

이 흑역사에 대해 가톨릭 신학자들은 성찰의 자세로 글을 씁니다. 독일 가톨릭 신학자 아우구스트 프란츤의 《세계 교회사》에는 이런 글이 나옵니다. '중세 후기 교회의 폐해는 도처에 있었습니다. 가지각색의 외형적인 기도 형식에 빠진 종교 생활의 기형적인 부분, 기적광, 지옥과 마귀에 대한 공포와 병적인 마녀 망상.' 그 당시 사람들에게 집단 히스테리 증세가 있었음을 고백합니다. 집단적 신경증 증세가 심할 때 마녀사냥이 벌어졌던 것입니다. 그로 인해 가톨릭교회는 구마기도에 대해 소극적 자세를 가지게 되었고, 마귀가 들렸다고 믿고 구마기도를 하고 성수를 뿌리는 신심 행위는 정신의학의 대두와 함께 교회의 뒷전으로 밀려났습니다.

그런데 가톨릭의 이런 흑역사를 비난하던 개신교에서 마귀론이 등장하더니 가톨릭과 비슷한 전철을 밟아서 비난의 대상이 되고 있습니다. 정신적으로 문제가 생긴 사람들을 '마귀가 들렸다', '쫓아내야 한다'며 구타하다가 사망에 이르게 하는 사건들이 발생하면서 구마자들이 정신 나간 사람들로 치부되는 것입니다. 물론 정신의학에 무지한 광신도들이 조현병 증세를 마귀가 들린 것이라 여기고 기도를 하다가 없는 마귀가 생기게 하고 정서적 발작 증세를 유발하는 등의 사고를 일으키니 경각심을 가져야 하는 것은 당연합니다. 그러나 그렇다고 해서 마귀의 존재를 무시하는 것 또한 무지한 행위입니다. 마귀의 존재성에 대해 정신과 의사인 스캇펙 박사는 자신의 실제 경험으로 인정한 바 있고, 가톨릭교회 역시 조심스럽게 인정하고 있습니다. 그래서 구마 사제는 로마 바티칸에서 특별 수련을 받습니다.

현대에도 마귀는 존재합니다. 그런데 자신의 존재성을 드러내지 않는 비존재로 존재합니다. 일명 유혹자입니다. 극단적 선택을 시도하는 사람들을 치유하는 전문가들에 의하면 극단적 선택을 하도록 강력하게 유혹하는 소리가 우리 내면에 존재하는 듯하다고 합니다. 예수 그리스도에게 절벽에서 뛰어내리라고 달콤하게 유혹하는 유혹자가 지금도 존재한다는 것입니다. 또한 마귀들은 사람들로 하여금 올바른 판단을 내리지 못하게 만드는 소리로도 존재합니다. 악령이 들린 자는 영화처럼 흉하고 추한 모습이 아니라 사람이 하지 말아야 할 일을 하고 가지 말아야 할 곳을 가는 자입니다. 영혼이 오염되어 마귀의 유혹에 빠져서 분별력을 잃고 비상식적인 행동을 할 때도 마귀가 들렸다고 합니다.

구마기도를 하는 분이 이런 말을 했습니다. "신부님, 요즘 아주 큰 마귀에 걸린 사람이 있는데 누군지 아십니까? 전○○ 목사 입니다. 마귀들은 돈·여자·명예로 사람을 유혹하는데 그 사람은 이 세 가지에 다 해당합니다. 헌금 내는 시간이 가장 기쁘다고 하니 돈, 빠쓰 목사란 별명으로 보아 여자, '하느님 까불면 죽어' 등의 종교적 망언을 하니 명예욕."

듣고 보니 그럴듯하다는 생각이 듭니다. 마귀가 들렸는지는 잘 모르겠지만 심리분석상으로 과대망상증은 있는 듯합니다. 집회 시 자신을 독일 신학자 본회퍼에 빗댄 것이 그 예입니다. 디히트리히 본회퍼는 독일 히틀러 암살사건에 가담했다가 처형당한 개신교 교수로, 가톨릭교회에서도 존경의 대상입니다. 사회 문제에 관심을 가진 많은 가톨릭 신학자들이 그에게서 영감을 받았습니다. 그는 소위 좌파 신학으로 분류

되는 해방신학의 원조입니다. 그런 그를 전광훈 목사가 자기와 유사하다고 한 것은 코미디에 가깝습니다. 심지어 순교 운운하며 자신을 본회퍼 목사와 같은 순교자인 양 연출하는 것은 망상에 가깝습니다.

그런데 한술 더 떠 그의 추종자들은 그를 비판한 사람들에게 마귀가 들렸다고 몰아붙입니다. 그것도 복지사업에 헌신적인 신부를 전○○ 목사를 비판했다는 이유 하나만으로 마귀가 들린 신부라고 몰아붙이고 있습니다. 마귀들이 들으면 웃을 일입니다.

요즘 일어나는 여러 사건들 중에는 종교가 개입된 경우가 적지 않은데, 상식에서 벗어난 행위를 하는 종교를 보면 중세 가톨릭교회의 모습이 보입니다. 전염병을 기도로 치유하겠다고 하다가 몰살당한 과거의 맹목적인 믿음을 다시 설교 시간에 외치고, 근거 없는 마귀론이 등장하고, 엉뚱한 사람들을 마귀로 몰아붙이는 마녀사냥이 자행되고 있습니다. 이런 일련의 사건들을 보면 지금이 현대인지 중세인지 헷갈립니다. 말도 안 되는 말을 함부로 뱉는 자들에게 성경은 엄중한 경고를 합니다. "조용히 하라", "그 사람에게서 나가라." 마르코 복음 1장 25절의 말씀입니다. 시끄러움이 판치는 작금에 던져질 화두입니다.

8

우상숭배와 이단

개신교 신자 중 간혹 배타적인 사람들이 있습니다. 본당 사목을 할 때 마당의 성모상에 누군가가 흙칠을 한 적이 있습니다. 열성 개신교 신자 짓이랍니다. 가톨릭의 우상숭배에 대한 경고라고 말합니다. 그냥 무지한 종교적 치기려니 하고 지나쳤습니다. 그런데 신자가 아니라 신학자 중 유사한 생각을 가진 이들이 있다는 것은 충격입니다.

개신교 신학대학 교수인 어느 목사. 개신교 신자가 절에 손상을 끼친 것에 사과하고 보상금을 마련하려 노력했습니다. 불교와의 화합을 위해 꼭 필요한 일을 한 것입니다. 그런데 그 교수가 재직하는 신학대학에서는 그에게 감사장이나 표창장을 주기는커녕 그를 이단으로 규정하고, 심지어 교수직을 박탈했다고 합니다. 아직도 우상 논쟁 중인가요?

아직도 절의 불상, 가톨릭의 성상을 우상숭배라고 단죄하는 일부 목회자들이 있다는 것이 신기합니다. 그들에게 묻고 싶습니다. 우상이란 무엇인가. 불교가 부처님의 상을 모시는 것뿐만 아니라 가톨릭이 예수의 상을 모시는 것, 성모상과 성인상을 모시고 기도하는 것을 싸잡아서 이단이고 우상숭배라고 하는 생각. 과연 옳은 것일까요? 한번은 짚고 넘어갈 필요가 있습니다.

하느님의 모습을 유형한 상으로 만들지 말라는 구약의 가르침은 신을 형상으로 만들면 소유물화할 수 있다는 원시 신앙에 대한 경고의 메시지입니다. 그런데 이보다 더 중요한 또 하나의 가르침은 하느님의 뜻이 아닌 사적인 욕망을 신격화해서 섬기지 말라는 경고입니다. 포이에르바하는 교회가 가진 우상숭배적인 면을 지적한 바 있습니다. '신은 인간 욕구의 투사다'라는 그의 말처럼 사적인 욕구를 신격화하는 우상숭배가 정말 문제인 것입니다. 구약의 모세가 대노한 금송아지가 바로 현대의 우상숭배입니다.

하느님의 뜻은 사람을 존중하고 어려운 사람을 돕는 것입니다. 하느님이 아버지이기에 자식들이 서로 도와가며 싸우지 않고 살기를 바라십니다. 그래서 이웃 사랑이 성경에서 누누이 강조됩니다. 그런 의미에서 불교계를 보십시오. 그들은 부처님의 자비하심을 실천하는 사람들입니다. 우상숭배자나 이단이 아니라 세상을 살기 좋은 곳으로 만들고

자 노력하는 사람들입니다. 절에서는 사람을 차별하지 않습니다. 한국 사람 치고 절밥 얻어먹지 못한 사람이 없다는 말이 있을 정도입니다. 불자들이 복음적인 삶을 살고 있다는 것입니다. 그렇게 선한 삶을 사는 불자들은 절에 모셔둔 부처님상을 보며 자신들도 따르고자 하는데, 그것을 우상숭배라고 할 수 있을까요? 가톨릭에서는 이런 선한 사람들을 이단이라 하지 않고 익명의 크리스천이라 합니다.

가톨릭교회에서는 살기 힘든 오지에 오로지 하느님의 뜻을 실천하러 간 사람들이 많습니다. 수단의 이태석 신부뿐만 아니라 수많은 봉사자들이 열악한 환경에 사는 사람들을 돕기 위해 떠났습니다. 그런 그들이 마음으로 의지하고 기도할 때 사용한 것이 누군가는 우상이라고 하는 작은 성물들입니다. 이들이 그 성물로 기도하고 위안을 받는 것을 우상숭배라고 할 수 있을까요? 내적인 의미는 간과하고 눈에 보이는 형체에만 집착한다면 그것은 또 하나의 유물론이자 자기 기만적인 종교 사기에 지나지 않습니다. 사람 손으로 만든 것을 가졌느냐 아니냐가 중요한 것이 아니라 그 사람 마음이 향한 곳이 어디인지가 더 중요합니다.

현대에도 모세를 분노하게 하는 우상숭배자들은 여전히 존재합니다. 기도 시간보다 헌금 내는 시간에 가장 기뻐하는 목회자들, 십일조 안 내면 암에 걸린다고 종교적 협박을 하는 목회자들, 신도들을 하느님의 백성이 아니라 '머리 당 얼마' 하며 수입원으로 생각하는 목회자들.

이렇게 금송아지를 숭배하는 자들이 우상숭배자고 이단입니다. 그런데 적반하장으로 자신들이 하느님의 사도인 양하면서 엉뚱한 사람들을 우상숭배자로, 이단으로 모는 행태는 가히 꼴불견입니다.

　개신교에는 훌륭한 목사님들과 신학자들이 많은데, 그런 분들이 박해당하는 것을 보면 경제학자 그레셤의 법칙이 생각납니다. 악화가 양화를 구축한다는 법칙. 질이 좋지 않은 사람들이 조직의 주도권을 잡으면 그 조직은 오염되고 서서히 무너져 버립니다. 가톨릭이 부패한 과거에도 불구하고 현재까지 존재하는 이유, 신자들이 교회를 떠나지 않은 이유는 금송아지를 섬기는 부패 세력과는 반대로 오로지 하느님의 뜻을 따라 가난과 정결, 순명 정신으로 엄격한 삶을 산 개혁 수도회의 수도자들 때문입니다. 그래서 지금도 가톨릭교회는 수도자적 삶을 사는 것을 신앙생활의 목표로 삼는 것입니다. 개신교는 가톨릭의 부패를 비판하면서 생긴 종교입니다. 그런 개신교가 가톨릭의 좋지 않은 전철을 밟는 것은 반가운 일이 아닙니다. 그래서 기도합니다. 개신교가 진정한 종교개혁을 통하여 복음화의 동반자로 거듭나기를.

9

어떤 삶을 살아야 하는가

부활, 케케묵은 종교 용어 같은 느낌입니다. 광신도들의 헛소리로 여겨지고 비아냥의 대상이 되기도 하는 용어가 '부활'입니다. 그런데 방송국에서 오랫동안 사회 문제를 다루어 온 구수환 피디가 〈부활〉이라는 제목의 영화를 만들었습니다. 남수단에서 헌신적인 삶을 살았던 이태석 신부의 이야기를 영화로 만들어 부동산이나 재산 증식 문제로 물 끓듯 하는 우리 사회에 던진 것입니다.

구 피디가 던지는 부활이란 화두는 육신의 부활이 아니라 존재 의미의 부활을 뜻합니다. 어지러운 사회의 한 구성원으로서 어떤 삶을 살아야 하는가에 대한 물음을 던진 것입니다. 구 피디는 고발 프로를 하면서 제도나 법을 통한 사회 변화의 한계를 느꼈다고 합니다. 그는 불교 신자임에도 불구하고 이 문제에 대한 답을 가톨릭 수도회 신부인 이태석 신부에게서 찾았다고 합니다. 종교를 떠나 사람의 관점에서 해법을 찾은 것입니다.

이태석 신부는 의사이자 수도자입니다. 수도자들은 세 가지 서원을 지키며 삽니다. 첫 번째 서원은 가난입니다. 이들은 가난한 사람들과 함께 가난한 삶을 삽니다. 그래서 전 세계 오지에는 가톨릭 수도자들이 촘촘히 들어가서 살고 있습니다.

두 번째 서원은 독신입니다. 독신으로 산다는 것은 다른 사람들을 위한 삶을 살기 위해서 나의 짐을 가벼이 하려는 것입니다. 가난과 독신은 언제라도 떠날 준비가 되어 있다는 뜻이고, 이는 가난한 사람들에게 다가가기 위한 필수조건입니다.

마지막 서원은 순명입니다. 개인의 생각을 내세우지 않고 공동체를 위해 산다는 의미입니다. 수도자들은 자신이 아니라 타인을 위해 헌신적인 삶을 살고자 하는 사람들입니다. 한마디로 이기적인 인간 본성을 거스르며 사는 사람들입니다. 그래서 수도자들을 강물을 거꾸로 거슬러 올라가는 연어에 비유하기도 합니다.

이런 수도자들의 삶은 일반인들이 이해하기 어렵습니다. 지금의 자본주의 사회에서 돈도 안 되는 생고생을 마다하지 않는 수도자들이 바보처럼 보이는 것입니다. 그러나 수도자들은 한결같이 자신의 삶이 행복하다고 말합니다. 가진 것 없이 사는 삶이 행복하다고 하면 정신이 나갔다고 할지 모르겠으나, 참행복이란 무엇인가를 생각해보면 이해가 갈 것입니다.

인간이 추구하는 행복은 크게 세 가지입니다. 생리적 행복, 정서적 행복, 영성적 행복. 생리적 행복이란 좋은 집, 좋은 차처럼 무엇인가를 소유함으로써 얻는 행복입니다. 정서적 행복이란 다른 사람들로부터 인정받고 싶은 욕구입니다. 즉 유명인사가 되어 가는 데마다 인사받고 싶은 욕구가 정서적 행복의 욕구입니다. 세 가지 행복 중 가장 상위의 행복이 영성적 행복입니다. 소유하고 인사받는 것에 싫증이 나고, 그런 것들이 헛된 것이란 깨달음이 오면 가진 것을 나누는 데서 오는 행복감을 찾습니다. 그래서 수많은 수도자가 오지로 가서 가난한 사람들과 함께 사는 것입니다.

이태석 신부 역시 남수단에서의 삶을 희생, 봉사라 하지 않고 행복한 삶이라고 했습니다. 어떤 이들은 이런 삶이 자신과는 상관없다고 여깁니다. 과연 그럴까요? 건강한 인간이 되기 위해서는 행복의 단계를 하위 단계부터 상위 단계까지 높여 가야 합니다. 만약 생리적 행복에만 집착한다면 어떤 일이 생길까요? 모든 것을 돈으로 계산하고 돈으로 무슨 일이든 다 해결할 수 있다고 생각하는 천민 의식이 생기며 자신이 가진 것으로 우월감을 과시하려는 진상이 됩니다.

정서적 행복에 집착하면 왕자병, 공주병 환자가 되기 쉽습니다. 세상에 자기만 잘난 줄 아는 과대망상증 환자가 되어 온갖 갑질을 다 하면서 사회의 암적 존재, 사회 오염의 주범이 됩니다. 더욱이 뇌가 점점 발달하는 파충류나 포유류와 달리 뇌가 점점 퇴화하는 영장류로서 나이가 들수록 주위 사람들이 가까이 가길 꺼리는 괴물 같은 존재로 전락합니다.

자본주의 사회가 천민자본주의로 변질되고, 사람들이 적대감에 사무쳐 사는 이유는 하위 단계의 행복에 집착하는 사람들이 늘어났기 때문입니다. 이런 사회는 백날 법을 바꾸어야 소용이 없습니다. 인간이 바뀌지 않는 한 사회도 바뀌지 않습니다. 인간을 바꾸는 방법 중 가장 좋은 방법은 무엇일까요?

한 사회학자가 말했습니다. 사회를 바꾸려면 선인들이 많아져서 악인들이 발붙일 자리를 없애야 한다고. 그의 말처럼 사람답게 사는 사람들, 자신의 이기심을 거슬러 다른 사람들을 존중하는 수도자 같은 사람들이 많아지는 것이 가장 좋은 방법이라 생각합니다. 천민성을 가진 사람들이 존재하는 한 어떤 이념도, 어떤 제도도 어떤 혁명도 사회를 바꾸지 못한다는 것을 현실에서 질리도록 보았습니다. 이태석 신부의 부활이 돈 문제들로 연일 들끓고 천민화되어 가는 우리 사회를 정화해 주길 바라는 마음입니다.

10

수녀들에게 쏟아진 비난

"수녀가 어떻게 그런 짓을 할 수가 있어?" 수녀원이 운영하는 보육원에서 아동학대를 했다는 보도가 나간 후 수녀들에게 쏟아진 비난의 돌덩어리들. 수십 년간 아이들과 동고동락해 온 수녀들이 어떻게 지낼까 궁금하여 방문했습니다. 예상대로 심한 자책감에 빠져서 잠도 잘 못 자고 식사도 잘 못 하고 심지어 외출도 어려워하고 있었습니다. 집단 우울증 조짐이 보여서 안타까웠습니다. 자신들이 아이들에게 더 최선을 다했어야 했다고 자책하는 수녀들을 보면서 과연 아동학대를 한 사람들이 누구인가 생각하게 되었습니다.

우선 수녀들이 그동안 어떤 삶을 살아왔는지 알려 주고 싶습니다. 수녀들의 글을 읽고 정리한 내용입니다.

길다면 길고 짧다면 짧은 1958년. 그 첫 출발은 6·25전쟁으로 인하여 온 나라가 폐허가 된 이곳에 생면부지인 미국인 소 알로이시오 신부가 부임해 오면서부터입니다. 그는 고국에서 모금한 돈으로 보육원을 도왔지만 아이들의 상태가 좋아지지 않자 아이들에게 필요한 것이 엄마의 사랑이라고 생각하여 부모 잃은 아이들의 허한 마음을 돌보아 줄 여성 봉사자들을 모집하였습니다. 이것이 수녀원의 시작입니다.

거리로 몰려 떠돌아다니던 아이들은 제대로 돌봄을 받지 못해서 말과 행동이 거칠었고, 눈빛은 불안감에 차 있었고, 수녀들뿐만 아니라 서로도 믿지 못하였습니다. 젊은 수녀들은 아이들 이삼십 명이 생활하는 곳에 한 사람씩 들어가서 함께 살았습니다. 아이들은 수녀들의 돌봄을 받으면서 마음을 열 수 있었습니다.

한 아이가 제대로 된 성인이 되기 위해서는 의식주뿐만 아니라 배려, 협력, 근면성, 정직함 등 필요한 것이 한두 가지가 아닙니다. 일반 가정에서는 자연스럽게 체득되고 밥상머리에서 배워지는 것들입니다. 그러나 떠돌이 생활을 하며 매 순간 생존을 위해 버텨야 했던 아이들에게는 훔치는 것, 빼앗는 것, 속이는 것, 완력을 쓰는 것, 기회주의자로 사는 것이 더 쉬운 생존 방법이었습니다. 이런 것들이 하루아침에 사라지진 않지만 수녀들이 아이들 곁에 함께하면서 좋은 습관들이 조금씩 아주 서서히 아이들 안에 자리 잡아 갔습니다.

수녀들의 글을 보면서 과연 누가 이렇게 아이들과 함께 동고동락할 수 있을까 하는 생각이 들었습니다. 수녀들은 부모가 버린 아이들을 거두어 준 사람들입니다. 그렇다면 1차 아동학대자는 누구일까요? 당연히 아이들을 버린 부모들입니다. 심지어 쓰레기통에 버려진 아이들조차 있다 하니 사정이 어떠하건 간에 부모야말로 1차 아동학대자입니다.

2차 아동학대자는 사회입니다. 전에 보육원을 방문하여 아이들과 나눈 대화가 기억납니다. 아이들은 사람들이 자신들을 부랑아 취급해서 마음의 상처를 받았고, 취업도 결혼도 쉽지 않아서 사회적응이 너무나 힘들었다고 말했습니다. 수녀들을 비난하는 사람 중에 아이들을 입양하거나 취직시켜 주거나 자기 자녀와 혼인을 맺어 준 사람이 과연 몇이나 될까요?

수녀들도 사회가 아이들에게 보인 차별로 마음의 아픔을 겪었다고 고백합니다. 아이들을 위해 교육이 가장 필요하다 생각하여 학교를 보냈는데, 고아라는 이유로 시비와 싸움의 대상이 될 때가 많았다고 합니다. 그리고 지금도 여전히 보육원 아이들을 곱지 않은 시선으로 보고 보육원을 혐오시설로 여기는 풍조가 만연합니다. 심지어 집값 떨어진다고 안달을 하는 것이 현재 우리들의 모습입니다.

세 번째 학대자는 정부입니다. 근래에야 아이들을 돌본다고 설레발을 치지만 이전에는 나이 어린아이들에게 돈 몇 푼 쥐여 주는 것으로

할 일을 모두 끝낸 것이 정부입니다. 아이들은 취업도 못 하고 지내다가 심지어 극단적 선택을 하기도 했습니다. 부모에게, 사회에게, 정부에게 버림받은 상처를 극복하기 어려웠던 것입니다.

수녀들은 말합니다. 누가 부모를 나무에, 자식을 가지에 비유하는 말을 만들었는지는 모르지만 특별한 인연으로 만난 아이들과 가족이라는 이름으로 살아오면서 어렵고 힘들 때마다 '가지 많은 나무에 바람 잘 날 없다'는 속담을 입버릇처럼 달고 살아온 지 어언 육십 년이 되어 간다고. 세상살이가 녹록지 않아도 꿋꿋이 살아가는 아이들의 모습에 감사해하고, 여느 부모들처럼 더 잘해 주지 못함에 미안해하며 그들을 여전히 그리워하고 사랑합니다.

이런 수녀들이 자책하면서 보육 사업에서 손을 떼려 하고 있습니다. 그렇다면 이제부터 아이들은 누가 돌보고 책임지나요? 수녀들을 비난한 사람들이 그들 스스로 그럴 자격이 있다고 생각한다면 책임 또한 져야 마땅합니다.

11

천사는 존재할까?

가톨릭교회에서는 오래전부터 천사에 대한 교리를 가르쳐 왔습니다. 성모 마리아에게 수태고지를 한 천사 요셉의 꿈에 나타난 천사들의 이야기를 근거로 천사가 우리와 함께하고 있다고 가르쳐 온 것입니다. 일본 북부 지역 목각 성모상에서 눈물이 흘러서 일본 전역에 화제가 되었던 아끼다의 수도원 사사가와 수녀도 텅 빈 성당에 들어갔다가 사람들을 위해 기도하는 천사들, 수호천사들을 보았다고 합니다. 수호천사, 사람들에게는 누구에게나 그 사람을 지켜 주고 기도해 주는 천사가 있다고 하는데 이들을 수호천사라고 합니다. 그래서 옛날 교리에서는 수호천사가 사람의 오른쪽에, 마귀가 왼쪽에 있다고 동화 같은 이야기를 가르치기도 했습니다.

지금은 천사의 유무는 어린아이들에게도 관심 밖 화제입니다. 나 역시 심리치료를 하는 사람으로서 아이들 동화 같은 천사 이야기에 대해서는 전혀 관심이 없었고, 천사 운운하면 정신적으로 심약한 사람들의 헛소리라고 치부하곤 했습니다. 그런데 그런 내가 천사에 대한 목격담을 들려드리고자 합니다.

몇 년 전, 몹시 아픈 적이 있었습니다. 복통이 심해 잠을 이룰 수 없었던 날, 방에 누워 있는 것도 몹시 힘이 들어서 성당에 가 엎디어 기도하다가 아침 다섯 시경에 성당 마당으로 나갔습니다. 여름이어서 그런지 벌써 해가 서서히 밝아 오고 있었습니다. 아침 미사가 여섯 시에 있는지라 멀리서 신자분들이 오시는 것이 보였습니다. 대부분 할머니들이었습니다. 성당에 들어가기 전에 성당 마당의 성모상에 기도하려고 오시는 모습을 보면서 깜짝 놀랐습니다. 할머니들 등에 무언가가 달려 있는 것이 보였기 때문입니다. 아니, 저게 뭐지 싶은 호기심에 할머니들을 유심히 보던 나는 기겁하리만큼 놀랐습니다. 할머니들 등에 천사의 날개 같은 하얗고 작은 날개가 달린 것이 보였기 때문입니다. 이럴 수가, 저게 대체. 머릿속이 복잡한 생각으로 가득 찼습니다. 내가 약 기운 때문에 잘못 보았나, 잠을 잘못 자서 헛것을 보는 중인가. 그런데 머리를 흔들고 눈을 감았다가 떠도 할머니들 등에 하얀 날개는 여전히 보였습니다. 그리고 마음 안에 희열과 기쁨이 차기 시작했습니다. 아, 영적인 세상이란 것이 바로 이런 것이구나 하는 생각이 저절로 들었습니다.

그렇게 성당 마당에 서서 미사를 보러 오시는 할머니들의 날개를 보면서 왜 평소에는 보이지 않다가 지금에서 보일까 궁금했는데 마음 안에서 들려온 어떤 소리, 평소에는 너의 눈이 탁해서 안 보였던 것입니다. 아, 그렇구나, 내가 맑지 않은 마음 상태에 있어서 이런 영적인 현상이 안 보였던 것이로구나 하는 생각이 저절로 들었습니다. 아침 식사 중에 동료 신부들에게 목격담을 이야기하자 모두 걱정스런 눈으로 보면서 밥 먹어 밥, 그럽니다. 병중에 섬망을 본 것이라 여기는 것입니다. 그러나 섬망이나 조현병 환자들이 보는 환시와는 달리 내가 목격한 것은 메시지가 있었고 더욱이 그런 현상을 이틀 내내 보았기에 절대로 병적인 현상이 아니었다고 지금도 확신합니다.

그런데 이틀째 되는 날 아침, 더 놀라운 광경을 보게 되었습니다. 그때 뉴스에선 터널 안에서 아이들을 등하교시키는 차량이 전복된 사고 현장을 보도하고 있었습니다. 그리고 사람들 여럿이 뛰어가서 차 안의 아이들을 구출하는 장면이 나왔습니다. 깜짝 놀란 것은 아이들을 구하러 뛰어가는 사람들의 등에 독수리 날개 같은 커다란 날개가 달려 있고 그 날개를 크게 퍼덕이면서 아이들을 구하는 모습이 보인 것입니다. 밥을 먹다가 놀란 나는 옆의 신부들에게 저거 보라고 저 사람들 등에 독수리 날개 같은 것이 붙어 있다고 소리를 쳤습니다. 당연히 신부들은 내가 아파서 헛것을 본다고 여겼는지 아무 대꾸도 없이 밥만 먹었습니다. 머쓱해진 나는 그래도 정신없이 그 사람들 날개를 보느라 밥을 먹을 수가 없었습니다. 이런 현상은 이틀 동안 지속되었고 삼 일째에 사라졌습니다.

그 잔상은 몇 년이 지난 지금까지도 눈앞에 생생합니다. 우리는 흔히 착한 사람들을 일컬어 날개 없는 천사라고 말합니다. 그 말이 맞습니다. 참으로 선하고 착한 사람들은 죄에 오염되고 찌들어 사는 우리들을 지켜 주기 위해 우리와 함께 살아 주는 진짜 천사들입니다. 그들의 모습은 가난하고 평범해 보이지만 그들이 있어서 우리가 악한 무리들로부터 보호받고 죄의 길로 들어서지 않는 것이라고 믿습니다. 다시 말하지만, 나는 매일 사람들의 마음을 객관적으로 분석하고 치유하는 상담가입니다. 그래서 사람들이 천사를 보았네 어쩌네 하면 일단 이 사람이 혹시 조현병이 아닐까 의심하는 심리치료사입니다. 더욱이 천성적으로 의심이 많은 성격인데, 그래서 지금도 내가 본 것이 혹 환시나 섬망이 아닐까 스스로 의심하는데도 내가 목격한 것은 나에게 분명히 영적인 세상이 존재함을 깨우쳐 주었고 마음을 모아서 기도해야 할 필요성을 알려 주었습니다. 그래서 눈에 보이는 것이 세상 전부인 양 오만방자했던 내게 하느님께서 눈을 뜨라고 주신 은총이라 생각합니다.

세상 말세 운운하는 사람들, 더 이상 삶에 희망이 보이지 않는다고 우는 소리 하는 사람들, 종말의 처벌에 대해 함부로 입놀림하는 사람들이 드글드글한 작금에 날개 없는 천사들, 아니 날개가 보이지 않는 천사들은 세상이 아직도 살아 볼 만한 곳임을 온몸으로 보여 주고 있습니다. 천사들, 파이팅.

12

그리운 고(故) 김수환 추기경님

추기경(교황 선거권과 피선거권을 가진 성직자를 칭하는 가톨릭교회의 용어)이 일반 사람들에게 친근하게 알려진 것은 김수환 추기경 때부터입니다. 교회뿐만 아니라 나라의 어른으로서 자리매김하다 떠난 추기경님. 철없는 아이 같은 어른들이 판을 치는 작금에 어른 추기경님의 부재가 깊이 느껴지고 갈수록 그리움이 커지는 것은 어찌할 수 없는 일입니다. 더욱이 요즘같이 살얼음판을 딛는 듯한 시기에 그분의 말씀이 얼마나 아쉽고 그리운지. 시인 박노해는 〈거룩한 바보〉라는 시에서 이렇게 말했습니다.

"어른이 그리운 시대 큰 어른이 가셨습니다. 영하의 추위 속에 고요한 긴 줄. 멈춤 침묵 돌아봄 정화. 울고 싶고 기대고 싶어도 의지할 언덕 하나 없어 삶의 무거움이 가슴에 응어리진 사람들. 누구도 자신을 찾아 주지 않아 거룩한 바보를 찾아 나선 사람들. 말없이 느린 행렬로 난 바보 야 난 바보야 가슴 치며 가슴 치며 새벽 강물로 흘러가는 사람들…"

그래서 어떤 분들은 푸념하기도 합니다. 죽어야 할 놈은 장수하고 오래오래 사셔야 할 분들은 하늘에서 일찍 불러 가니 하늘이 원망스럽 다고. 그런 큰 그릇이 안 계시니 자기밖에 모르는 좁쌀영감들, 속 좁은 옹기들이 판을 친다고 말입니다. 심리학에서는 부모가 부모 노릇을 잘 못하면 아이들이 문제아가 된다고 하는데 어른이 없는 우리나라가 딱 그 처지가 아닌가 합니다. 그래서 추기경님이 더욱 그립습니다.

신부들이 보는 김수환 추기경은 어떤 분이셨을까요? 그때 신부들은 자기 축일 날 아침 아홉 시쯤이면 전화기 앞에서 대기를 했습니다. 추기 경님께서 축하 전화를 하셨기 때문입니다. 짧은 대화였지만 군대 지휘 관의 보살핌을 받는다는 느낌이 아주 좋았던 기억이 납니다. 또 길을 가 다가 갑자기 방문하셔서 어떻게 사는지 보러 왔다고 해서 놀라고 기뻤 던 기억도 납니다. 신부들과 스스럼없는 관계를 갖고자 했던 자상한 분 이셨습니다. 그러나 항상 자상하고 따뜻한 것은 아니셨습니다. 때로는 아주 날카로운 면도 보이셨습니다. 서품을 받기 전 피정 마지막 날 추기 경님과의 면담 시간, 나이순으로 줄서서 면담을 기다리는데 먼저 들어 간 동창들의 얼굴 똥 씹은 표정. 왜 저러지 하다가 내 차례가 왔습니다.

근엄한 표정의 추기경님이 물으셨습니다. "자네, 서품 성구가 무엇인가?" 서품을 받는 신부들은 평생 지침으로 삼을 말씀을 성경에서 골라 서품 성구로 합니다. "요한 복음에 나오는 '하나 되게 하소서'입니다." 그랬더니 "그 성구를 사용하는 사람 치고 가난하게 사는 사람 못 보았네" 하시는 겁니다. 그러고는 아주 무거운 침묵. 속으로 '아, 난 탈락이구나' 하는 생각이 들고 앞서 동창들 얼굴이 왜 그랬는지 알 듯했습니다. 공포스러운 독재 정치하에서도 날선 말씀을 서슴지 않았던 추기경님. 그 당시 안기부 요원이 당신이 그렇게 정부를 비판하면 신부들 파일을 다 공개하겠다고 협박까지 했지만 마음대로 하라고 한 추기경님의 서슬 퍼런 대응에 꼼짝을 못했다는 일화 등등. 당신은 단순한 종교인이 아닌 시대를 이끌어 가는 큰 그릇 지도자셨습니다. 그러나 그런 분도 힘겨움이 있었습니다. 불면증, 온갖 고뇌에 시달리면서 얻은 병 아닌 병. 그래서 당신은 하루 세 시간을 기도하신다고 사제들 앞에서 말씀하신 적이 있습니다. 선종 십 주기 김수환 추기경 같은 큰 그릇이 나오길 기도해 봅니다.

말미
추천사

　좋은 글을 읽는 것만큼 즐거운 일이 있을까. 직업이 직업인지라 아침
마다 책상 위 신문 더미를 펼쳐 드는 것이 삶의 루틴이다. 그때 좋은 글
을 만나면 하루의 출발이 특별해진다. 홍성남 신부님의 글도 그렇게 만
났다. 매번 신부님의 신문 칼럼을 놓치지 않는 열혈독자다.

　좋은 글이란 무엇일까. 좋은 생각을 담은 글이다. 인사이트를 주는
글이다. 쉽고 짧아도 깊은 글이다. 읽는 사람을, 세상을 바꾸는 글이다.

　신부님의 글도 그렇다. 신부님 글에 대한 첫인상은 '신부님 글 같지
않은 글'이었다. 고정관념을 깨는 만큼 새롭고 힘이 있었다. 신부님의 글
은 엄숙한 교리와 권위 대신 평범한 생활언어로 복잡다단한 세상사를
겨눈다. 세상과 담쌓은 첨탑의 언어가 아니라 저잣거리 삶의 복판에서
길어 올린 언어다. 상처를 감싸 안고 시대의 뇌관을 고민하는 글, 좋은

세상 좋은 삶을 꿈꾸는 글이다. 할 말은 한다며 용맹무쌍하게 돌진하는 글이다. 딱 신부님이다.

벌써 몇 번째 책인지 모르겠다. 신부님의 왕성한 에너지와 창작열 덕분에 눈 밝은 독자들이 선물 하나를 더 받게 됐다. 기쁜 일이다.

- 양성희 (중앙일보 칼럼니스트)

홍성남 신부님이 계셔서 참 좋다. 답답하고, 무료한 세상에 홍 신부님마저 없었다면 어쩔 뻔 했을까. 얼마 전엔 홍 신부님과 유튜브 채널 '조현TV휴심정' 대담을 장장 일곱 시간을 한 적이 있다. 그렇게 장시간 대담을 싫은 내색은커녕 기쁘고 즐겁고 유쾌하게 이야기를 이끌어 주실 분은 홍 신부님 말고는 찾아보기 어려울 것이다.

홍 신부님은 가톨릭의 게임 체인저다. 가톨릭의 전반적인 분위기는 좋게 말하면 경건하고, 나쁘게 말하면 우울하다. 십자가에 매달려 계신 예수님을 아랑곳하지 않고, 입 벌려 웃기라도 하면 죄라도 짓는 것 같은 분위기다. 그렇게 석고상처럼 딱딱해져 마사지로도 풀기 힘든 얼굴근육을 말과 글 몇 마디로 흐물흐물하게 만들어 버리는 분이 홍 신부님이다. 마취도 하지 않고 곪은 화농을 터트리는 현대판 화타가 아닐 수 없다.

홍 신부님는 본래부터 이토록 탁월한 심리 처방자가 아니었다. 우리와 다름없이 자기 몸과 마음도 주체하기 어려울만큼 소심했고, 우울했고, 상처 받은 영혼이었다. 홍 신부님의 말이 더욱 가슴에 다가오는 것은 동병상련의 아픔에 대한 공감대 때문이다. 마음이 아프고, 우울하고, 힘든 분들이 이토록 많은 시대에 사이다 신부님이 계셔서 다행이 아닐 수 없다. 홍 신부님 책의 단 하나의 흠은 아껴가며 읽을 수 없다는 것이다. 다음 페이지가 궁금해서 도저히 아껴 둘 수가 없다.

- 조현 《〈한겨레〉 종교 전문 기자 겸 유튜브 채널 '조현TV휴심정' 운영자)

"괜찮다."

홍성남 신부님을 생각하면 가장 먼저 떠오르는 한 마디다.

'화내도 괜찮다'

'착하지 않아도 괜찮다'

'청빈하지 않아도 괜찮다'

'욕해도 괜찮다'…….

사람들은 '~하면 안 된다' '~해야 한다' 속에서 살아간다. 가정에서도 학교에서도 그리고 종교기관에서도. 그런데 홍 신부님은 '다 괜찮다'고

한다. 그의 글을 읽다보면 독자나 신자가 오히려 신부님을 걱정(?)하게 된다. '신부님이 이렇게 말해도 괜찮나?'

홍 신부님이 '괜찮다'고 하는 것은 '해봐서 알기 때문'이다. '그러다 병(病)나요'라는 말은 본인의 경험이다. 그는 '착한 아이'로 살았다. 사제가 된 후에도 그랬다. 그런데 즐겁지도 행복하지도 않았다. 심리상담을 통해 비로소 족쇄를 풀 수 있었다. 그런 동병상련 경험을 바탕으로 신부님은 독자들의 답답한 가슴에 '숨 쉴 틈'을 제공한다. 그가 나눠주는 것은 밍밍하고 맛없는 건강식품이 아니라 입안에 침이 고이는 새콤한 비타민이다.

- 김한수(조선일보 종교전문기자)

홍성남 신부님과의 만남은 2018년 갑작스럽게 이루어졌다.

사회에 나와 벤처 사업을 했고, 40대 중반 이후 전업 시사평론가로 살아오면서 세상은 권력과 자본의 전쟁터라는 걸 절감했다. 정글과 같은 하루하루를 살다보니 나이가 들수록 마음의 평화가 절실히 필요했다.

개신교 모태신앙으로 태어나 청년시절까지 제법 독실한 교회 오빠로 성장했던 나는 평화방송에 나가게 된 차에 기자에게 '가톨릭으로 개종하고 싶었는데 방법을 모르겠다'고 하자 홍신부님을 만나보라고 권했다.

가톨릭 세계에 문외한인 나에게 사제의 이미지라면 인생소설 〈천국의 열쇠〉에서 희생과 헌신을 보여준 치셤 신부, 청소년 시절 배꼽 빼면서도 감동했던 〈돈 까밀로와 빼뽀네〉 시리즈의 돈 까밀로 신부, 인류의 역작 〈레미제라블〉에서 장발장을 성화시킨 미리엘 주교, 그리고 영화 〈미션〉에서 오보에를 멋지게 부는 가브리엘 신부가 전부였다.

돈 까밀로로 다가와 강렬한 첫 인상을 남긴 홍신부님은 이제 내가 아는 모든 사제의 상을 다 보여주고 계시다. 이번 책에서 그는 가브리엘 신부가 되시려나 보다. 연로하셨음에도 식지 않은 열정으로 지방과 해외를 다니시며 불시에 전화를 주시곤 하는데 통화를 마치면 시사평론가인 내 등줄기에 식은 땀이 줄줄 흐를 때가 있다. 영성뿐만 아니라 세상을 바라보시는 내공이 참 무서운 분이다. 그래서 이 책에 거는 기대가 크다.

- 최영일(시사평론가, KBS1라디오 최영일의 시사본부 진행, 경희사이버대학교 겸임교수)